W0399700

PASSIONS

DU MÊME AUTEUR

« Montaigne, *Lettre à son père sur la mort d'Étienne de La Boétie* », Gallimard, « Le Promeneur », (préface et commentaire), 2012.

La Grandeur Saint-Simon, Gallimard, « L'un et l'autre », 2011 (prix Louis Barthou de l'Académie française, 2012).

Petit éloge des amoureux du silence, Gallimard, « Petits éloges », 2011.

« Ambroise Paré, *Discours de la momie et de la Licorne* », Gallimard, « Le Promeneur », (présentation), 2011.

Langue morte, Bossuet, Gallimard, « L'un et l'autre », 2009.

Ambroise Paré, la main savante, Gallimard, « L'un et l'autre », 2007.

Je ne serai peintre que pour elle, Gallimard, « L'un et l'autre », 2003.

Chronique de la Fronde, Mémoires de Mme de Motteville, Mercure de France, « Le temps retrouvé », (édition et présentation), 2003.

Le Roi miniature, Gallimard, « L'un et l'autre », 2000.

Racine en majesté, Flammarion, 1999.

Et qu'un seul soit l'ami, Gallimard, « L'un et l'autre », 1995.

Madame la cour la mort, Gallimard, « L'un et l'autre », 1992.

Jean-Michel Delacomptée

PASSIONS

La Princesse de Clèves

arléa
16, rue de l'Odéon, 75006 Paris
www.arlea.fr

EAN 9782869599901
Arléa © Septembre 2012

à la littérature

Les êtres ne naissent pas seulement,
ils viennent au monde.

Peter Sloterdijk, *Ni le soleil ni la mort*

Retour vers le roman

La Princesse de Clèves est un livre âgé. Quand on l'entame, il sent la poussière. Les premières pages nous plongent dans un milieu où les figures ornées de patronymes oubliés et de titres vétustes découragent l'effort. Il reverdit aujourd'hui, mais, pour avancer, il faut une certaine constance, et même de la vaillance. Le début manque d'air, on étouffe. Puis on s'habitue, les ombres s'éclaircissent, on poursuit, et on va jusqu'au bout.

Ensuite, pourvu qu'on fouille, on perçoit la complexité qui fourmille sous le déroulé de l'intrigue : une myriade de détails discrètement éloquents et, moins visibles, plusieurs degrés de sens qu'encadre la mécanique d'un récit rectiligne. La vie de l'héroïne tend le fil conducteur, mais l'ensemble compose son destin.

Les digressions, paraît-il, distraient du sujet central ? Elles ont leurs raisons. Le roman décline ses épisodes en parfaite cohérence. Pas de surplus, aucun déchet. Lorsqu'il le découvrit, Fontenelle, philosophe en herbe (lui qui, à un mois près, vécut jusqu'à cent ans, était novice à l'époque, il avait vingt et un ans), le relut, émerveillé, trois fois de suite. Donc il le lut, d'une même foulée, quatre fois en tout. C'était un esprit neuf.

Je devais revenir vers ce livre. Ce retour relève du hasard, mais, plus encore, d'une exigence morale. Prisonnier volontaire, je n'ai d'ailleurs jamais cessé d'y revenir. En mon adolescence, il y a longtemps, au lycée, l'ayant lu pour la première fois, j'en fus saisi comme tous les adolescents mériteraient de l'être. Ils ne le sont plus à présent, ou trop peu. L'enseignement de la littérature s'est largement dépouillé de sa mission : donner accès aux œuvres, en favoriser le goût. Autrefois, les professeurs de lettres visaient à la délectation des mots, tentaient de faire vibrer la langue. Ils se penchaient sur les personnages, leur prêtaient une réalité. Ils glosaient selon leur talent, glanaient ce qu'ils pouvaient, paraphrasaient à l'occasion, ce qui n'avait aucune importance : l'essentiel consistait à s'enfoncer dans le texte en le commentant ligne à ligne. Pas de théories blindées, mais du jugement avec de l'ardeur. Les élèves, impressionnés par la richesse des récits et des styles, voyageaient au-delà d'eux-mêmes. Ils quittaient le langage quotidien pour des lectures qui les grandissaient. L'imagination les emportait vers des terres inconnues.

Ce qu'ils lisaient leur appartenait, ils conservaient ce trésor en eux, même à leur insu. C'était une aventure. Les dépayser, affiner leur langage, leur transmettre un legs ancestral, les hisser vers le meilleur d'eux-mêmes, voilà quel était le but. Temps révolus. Le principe d'utilité, cette sécheresse, prévaut désormais. Le crin de l'analyse arrache la peau, le froid de sa lame tranche les nerfs, son pilon broie les muscles. Assassinées, les pages vivantes. On a transformé les professeurs de lettres en médecins légistes. Honneur aux récalcitrants qui s'obstinent ! Ils sont les gardiens de la flamme.

Combien de fois l'ai-je étudié, ce roman, pour l'enseigner dans des établissements divers, classes de collège, universités, jusqu'au Japon ? Publics différents, réception unanime : d'un abord ardu, il se révèle dans l'éclosion des questions qu'il renferme. Déchiffrement inépuisable : il ne se ressemble jamais. Je l'ai lu aussi souvent que je l'ai sondé. Chacune de ses lectures apporte des lumières.

J'y vois un objet saint, ou presque. Pas seulement lui, mais lui surtout. Astre où s'inaugure le roman moderne, il trône au firmament. Dès lors, gare aux profanations : le vilipender, c'est perdre son âme. L'ancien président de la République s'y est fracassé. On ne plaisante pas avec une œuvre qui caractérise notre littérature, on ne roule pas *La Princesse de Clèves* dans le goudron et les plumes. Ce fut une erreur fatale. Tant qu'existera la possibilité de telles erreurs fatales, la littérature gardera sa jeunesse. C'est pourquoi l'enseigner comme aujourd'hui on l'enseigne m'anime d'un sentiment de scandale.

Les instructions officielles la vendent à la découpe : une tranche de roman par-ci, un extrait de magazine par-là, les paroles d'une chanson ailleurs. Auteurs consacrés, écrivains mineurs, œuvres magistrales, œuvres marginales, best-sellers, épopées, bluettes, peu importe : choisir c'est trier, et trier c'est exclure. Tout se vaut : livres immortels, notices publicitaires, divins poèmes, articles de presse. Courant après les sciences dures, des doctrinaires prétendirent substituer des données objectives aux aléas des promenades. Ces démocrates pétris de bonne foi, champions de la camisole, oubliaient que la plus haute exigence leur avait dispensé la culture d'où ils tenaient leur magistère. Apprentis sorciers, ils crurent qu'en saccageant l'héritage ils bâtiraient des lendemains chanteurs. Dorénavant seuls comptent les outils d'analyse. Les catégories du discours ont colonisé le plaisir. Genres, registres, rhétorique, fourbi d'étiquettes et de recettes. On ne va pas loin avec pareille démarche. On s'arrête aux premiers dégoûts.

Pour autant, les approches académiques n'ont pas disparu. Au contraire elles foisonnent, sérieuses, nécessaires. On étudie les formes narratives, on analyse les fonctions, on décortique les figures de style, on scrute des grains de beauté, on gratte la surface. Mais elles restent académiques. Essayons d'aller plus loin, c'est-à-dire en dessous.

La fascination que ce roman continue d'exercer reste un mystère. Depuis sa publication, trois siècles et demi ont passé : je me suis souvent demandé d'où provenait cette force qui s'entête. S'il ne fallait pas l'expliquer par la permanence d'un thème souterrain, intemporel et universel. Chercher l'humain, en somme. À quoi s'ajoute le ressort de questions toujours actives : quel sens accorder au refus de l'héroïne lorsque, tous les obstacles levés, elle refuse le bonheur offert ? quelle nécessité la conduit ? décision libre, ou volonté contrainte ? Triomphe d'une passion absolue, ou goût de la souffrance ? Fidélité au mari défunt, ou farouche peur de vivre ? Rien de tout cela peut-être : énigme en suspens.

En 1678, lors de sa parution, *La Princesse de Clèves* provoqua un vaste débat. Le *Mercure galant*, gazette récemment créée, lança une enquête pour savoir si l'héroïne avait eu raison d'avouer au prince de Clèves la passion qu'elle éprouvait pour le duc de Nemours (qu'elle refuse, par pudeur, de nommer, comme si nommer l'amant aggravait la faute). Cet aveu nous préoccupe moins aujourd'hui : le mariage a évolué, on se confie des secrets jusqu'alors réservés aux replis de la conscience. Ayant changé d'objet, le débat porte plutôt sur le refus final. Là réside, pour nous qui aspirons follement au bonheur, l'incompréhensible du choix qu'elle opère. Une décision à creuser, sans cesse en point de mire. Elle offre aux jeunes gens – de toutes origines – une rare matière à réflexion. Les grandes œuvres encouragent l'art de l'inquiétude. Au lieu de prétendre à des vérités scientifiques, préservons ce privilège. C'est le chemin des écoliers : le mieux fait pour les passionner. Ensuite, aide malgré tout utile, la trousse des médecins légistes outillera cette approche. L'appareil critique servira d'accoudoir.

Valincour, jeune lettré qu'appréciaient Racine et Boileau auxquels il succéda en qualité d'historiographe du roi et qu'à la fin du siècle l'Académie française reçut parmi ses membres, fit paraître, six mois après la publication du roman, un volume qui avait pour titre *Lettres à Madame la marquise*** sur le sujet de la Princesse de Clèves.* Le volume, longtemps relégué dans l'ombre avant qu'on ne le réédite, comprenait trois lettres : la première sur « la conduite en général, et la manière dont tous les événements sont amenés » ; la deuxième sur « les sentiments que l'on donne aux personnages qui y ont la principale part » ; la troisième enfin sur « le style de l'historien, et les façons de parler dont il se sert ». Petit volume sagace. On sourit à le lire, tant les remarques sont baignées d'ironie. Pas un brin de jargon. Pas une once de ces fausses profondeurs dont l'amphigouri abrite la vacuité. Mais une critique d'honnête homme qui laisse aux savants le soin de sonder les points de grammaire. Qui privilégie la parole vive au tatillon des clercs.

Ou plutôt qui aurait dû. Cette critique n'est pas sans défauts. Adepte du bon sens et du vraisemblable, elle va jusqu'à réclamer un réalisme absurde (par exemple quand Valincour s'étonne que M. de Nemours, passant la nuit dans la forêt, ne s'y enrhume pas). La logique du roman lui échappe. Et en matière de style, elle tombe dans le vétilleux. Elle a cependant pour insigne avantage de suivre le récit pas à pas : tout le texte, rien que le texte, sans extrapolations ni conjcctures fumeuses. Pour conventionnelle qu'elle puisse nous paraître, la méthode a du bon : elle apprend à commenter avec précision, finesse, ordre et clarté. Elle exerce l'acuité réflexive, et transforme les lecteurs en acteurs d'un procès. Ainsi se fabriquent les citoyens.

Le temps réimprime les grands livres. C'est le signe de leur puissance. Sinon, ils se vident. Ils gisent dans l'immense cimetière de la littérature où parfois des originaux viennent fleurir des tombes dont l'usure a effacé les mérites et les noms. Rien de plus fragile que les épitaphes élogieuses gravées dans le marbre. Les grands livres échappent à l'inertie des morts. Ils ne cessent de renaître. En les reprenant, on renouvelle ce qu'on avait cru saisir.

Voilà une vingtaine d'années, j'ai consacré à *La Princesse de Clèves* un mince opus intitulé *La Mère et le courtisan*. Depuis, mon regard s'est modifié de fond en comble. C'est même un curieux phénomène : de ce qu'on écrit avec la conviction d'énoncer une vérité incontestable, on ne retient, deux décennies plus tard, presque rien. Ou plutôt, on change son fusil d'épaule. Par exemple, je me focalisais sur la place de l'amour au sein du mariage : j'avais tort. Car *La Princesse de Clèves* est le roman de tous les amours. Amour conjugal, amour galant, amour de la gloire, amour du pouvoir, amour de la liberté, amour de la vertu, amour du secret, amour de la réputation, d'autres encore.

Des amours vécus chaque fois sur un mode intense. Quel amour, dans ce roman, se vit en douceur ? Tous s'exaltent, aucun n'est sage. Toujours il leur faut la gravité du risque et l'ivresse de l'urgence, si âpres sont les rivalités, si orgueilleux les cœurs, si implacables les échecs, et si brève la vie. La mort étreint la cour. Peu de chose vous tue : une fièvre subite, comme la mère de l'héroïne, Mme de Chartres, et M. de Clèves qui meurt à son tour, ou bien, lors d'un tournoi, l'éclat d'une lance dans l'œil, comme Henri II.

Je reviendrai vers ces personnages. L'histoire et la fiction se mêlent. Ils semblent faits de papier, ce qu'ils sont, mais de chair aussi. Comment enseigner la littérature sans s'appuyer sur le fond historique ? Autant planter des pieux dans du brouillard.

On connaît ces lignes qu'en avril 1678, aux lendemains de la parution du roman, Mme de Lafayette écrivit au chevalier de Lescheraine, secrétaire de Madame Royale, Jeanne-Marie de Savoie-Nemours, duchesse de Savoie, dont elle souhaitait l'amitié et que désobligeait le rôle d'amoureux transi dévolu par l'ouvrage au duc de Nemours son aïeul : « C'est une parfaite imitation du monde de la Cour et de la manière dont on y vit. Il n'y a rien de romanesque et de grimpé. Aussi n'est-ce pas un roman : c'est proprement des mémoires et c'était, à ce que l'on m'a dit, le titre du livre, mais on l'a changé. » Mme de Lafayette se défend d'en être l'auteur. Rien de romanesque, rien d'excessif, un roman plus vrai que nature, proprement des Mémoires. Et, de fait, elle s'est beaucoup servi des historiens qui décrivirent la cour d'Henri II, Mézelay, Pierre Mathieu, Davila, outre le fringuant Brantôme, si pittoresque. Tout comme l'a servie son expérience personnelle de la cour du Roi-Soleil. Confidente d'Henriette d'Angleterre, dite Madame, cousine et belle-sœur du monarque, qui l'avait priée d'écrire son histoire, elle la rédigea. Plus tard elle fournit des *Mémoires de la cour de France.*

Henriette d'Angleterre décéda brusquement en juin 1670, au retour d'une ambassade outre-Manche. Des rumeurs attribuèrent le drame au poison. Mme de Lafayette a raconté les événements dans le détail, y compris la mort. « Cette perte est de celles dont on ne se console jamais, et qui laissent une amertume répandue dans tout le reste de sa vie », écrit-elle. Ce fut un an ou deux avant qu'elle n'entreprît d'écrire son roman. Madame le hante, ce roman, au point qu'une mélancolie rattache l'*Histoire de Mme Henriette d'Angleterre* au ton endeuillé de *La*

Princesse de Clèves : couleurs d'automne dans les deux cas, vertiges amoureux cernés par le vide et déceptions mortelles dans un monde écrasant.

Qu'ils soient réels ou fictifs, les personnages du roman vivent passionnément leurs passions. Le cadre historique ne se contente pas de border les intrigues, dont celle, au premier rang, qui noue les destins de l'héroïne et de M. de Nemours, il les imprègne. C'est un roman en relief où l'illusion littéraire nous entraîne vers nos propres vies, pleinement les nôtres, tant la littérature n'a de sens que si elle nous concerne. Oublions les théoriciens qui postulent une absurde coupure entre les œuvres et la société, comme si les œuvres constituaient des univers clos, autonomes, sans références au réel : écrire, vraiment écrire, ne relève jamais d'un esprit de système.

Des amours que le roman met en scène, aucun ne ressemble aux autres. Chaque personnage aime à sa manière. Même les silhouettes qui passent aiment d'une façon particulière. Henri VIII d'Angleterre, jouisseur obèse, se prend de passion pour des beautés, les épouse puis les décapite. L'amour chez lui se mêle de sang, et même d'inceste. Le chevalier de Guise, cadet de famille, aime sans espoir Mlle de Chartres, héritière promise aux plus hautes alliances : son amour se consume sous les marques d'un scrupuleux respect. Henri II aime passionnément Diane de

Poitiers, duchesse de Valentinois, la favorite hautaine, tout comme Sancerre aime passionnément Mme de Tournon, la veuve duplice. Mais ces deux passions diffèrent : celle du roi se reflète dans la prospérité du royaume, tandis que la déconvenue de Sancerre, cocu magnifique, éclate en détresse. La veuve qu'il aimait à la folie et qu'il allait épouser meurt. Alors il apprend qu'elle le trompait avec Estouteville son ami intime, qui ignorait leur liaison. C'est le prince de Clèves qui raconte cette histoire. Il périra d'une trahison qu'il aura le tort funeste de croire accomplie. La jalousie côtoie la vérité, l'aveuglement la confiance, la fidélité le mensonge, les élans le cynisme. On assiste à toutes les formes de passions. Chacune a ses angles et sa fin. L'aventure des héros le prouve : Mme de Clèves aime éperdument M. de Nemours, qui l'aime de même. Entre la passion désespérée qu'elle lui porte et celle que M. de Nemours a pour elle, il existe autant de différences qu'entre des abîmes de douleur et les rayons généreux du soleil.

Une très jeune fille

Dans *La Lettre*, libre adaptation du roman dont il déplace l'intrigue dans le Portugal moderne, le cinéaste Manoel de Oliveira a choisi Chiara Mastroianni pour incarner Mme de Clèves. Au lieu d'une toute jeune fille blonde au teint clair que la modestie fait rougir, voilà une jeune femme brune aux gestes sûrs (en 1999, année de la réalisation du film, Chiara Mastroianni a vingt-sept ans). J'ignore pour quels motifs Manoel de Oliveira a vieilli l'héroïne. Nul doute que d'excellents arguments l'aient inspiré. Mais dans l'opération on perd l'enfance. Et, avec l'enfance, le cœur du roman.

« Mme de Chartres, qui était extrêmement glorieuse, ne trouvait presque rien digne de sa fille ; la voyant dans sa seizième année, elle voulut la mener à la cour. » D'une parfaite beauté, l'héritière, une des plus grandes fortunes de France, dont la mère a déjà éconduit quelques prétendants jugés par elle d'un rang par trop inférieur à ses vœux, n'a pas encore vécu. Elle a l'âge des premiers jours du printemps : tout juste quinze ans. Sa juvénilité, que le roman souligne à l'envi, s'exprime par l'exceptionnel éclat de sa personne, pleine « de grâce et de charmes ». Jointe à la très haute noblesse de sa maison – la même que celle du vidame de Chartres dont les princes du sang ont porté le nom – elle s'exprime également par l'accueil que la cour lui réserve, par les louanges et la « considération extraordinaire » de Catherine de Médicis, par la confiance de la reine dauphine, Marie Stuart, presque aussi jeune qu'elle et qui en fait l'une de ses favorites, par l'amitié de Mesdames, filles du roi, qui « l'envoyaient chercher pour être de tous leurs divertissements ». Elle est belle, elle est fraîche, elle est timide, elle est immaculée, elle suscite l'engouement de tous, une vierge idéale dont les sympathies s'emparent aussitôt.

Quand le prince de Clèves la voit pour la première fois et que, conquis par sa beauté, il la regarde avec insistance, elle ne peut « s'empêcher de rougir », embarrassée par l'étonnement qu'elle lui cause. Il en va de même quand, avant de l'épouser, il se plaint qu'en sa présence elle rougisse par « un sentiment de modestie » plutôt que par un mouvement du cœur : elle ne sait « que répondre, et ces distinctions étaient au-dessus de ses connaissances ». Décidément, elle rougit souvent. Par une pudeur docile, comme ici, devant le futur époux dont elle devra accepter les étreintes et respecter l'autorité légitime. Plus tard, le séjour à la cour l'ayant approfondie, elle rougira par un sentiment de gêne à l'occasion d'un prétexte deviné, ou de trouble, ou parce qu'elle a chaud, ou, se sentant coupable, de faute, ou encore, beaucoup plus grave, de honte. Mais pour l'heure, au moment où sa mère la mène à la cour, c'est la modestie qui lui rosit les joues.

Après le mariage, M. de Clèves la possède sans l'émouvoir. Les privilèges que lui confère sa qualité d'époux la laissent de marbre. Pas un mot sur une effusion quelconque. Mariée sans l'aimer, elle ne ressent ni plaisir ni déplaisir. Néant de la nuit de noces et des nuits suivantes. M. de Clèves, ayant toujours quelque chose à posséder au-delà de sa possession, conserve « pour elle une passion violente et inquiète » : mari, il conserve, de l'amant, les attentes et l'ardeur. L'enfance qui subsiste en elle la dérobe à ses désirs d'homme. Aussi Mme de Chartres, mère vigilante, admire-t-elle sa froideur : on s'empresse, on la courtise, mais personne ne touche son cœur. Elle reste ce qu'elle était avant d'arriver à la cour : intacte, indifférente aux émois. Virginale.

Elle « était dans cet âge où l'on ne croit pas qu'une femme puisse être aimée quand elle a passé vingt-cinq ans » : en écoutant les leçons de Mme de Chartres, elle s'étonne d'apprendre la passion d'Henri II pour la duchesse de Valentinois qui, grand-mère, vient de marier sa petite-fille, Mlle de La Marck. Et non seulement grand-mère, mais infidèle au roi, et beaucoup plus âgée que lui. Dans les entrelacs du monde où elle entre, la juvénile princesse prend des vessies pour des lanternes. Afin de l'éclairer, Mme de Chartres s'est proposée, remontant dans le passé, de lui parler de la cour du feu roi François, tout en craignant de ressembler à toutes les femmes de son âge, qui aiment à raconter les histoires de leur temps. Sa fille se récrie alors : bien loin de l'en accuser, elle déplore de n'être pas instruite tant des histoires passées que des histoires présentes.

Elle n'est qu'ignorance. L'innocence même. C'est un état de repos sans nuages, mais aussi un aiguillon qui pique les chasseurs aguerris par une longue pratique. En témoigne le duc de Nemours ivre de joie après le vol de son portrait, qui appartient au prince, chez elle, un après-midi où l'on termine de peindre celui que la reine dauphine lui a commandé pour l'envoyer, avec ceux de toutes les beautés de la cour, à la reine sa mère, et que Mme de Clèves, embarrassée d'avoir surpris le vol, n'ose (et en vérité ne veut) demander au duc de lui rendre : il s'exalte de voir « dans toutes ses actions cette sorte de trouble et d'embarras que cause l'amour dans l'innocence de la première jeunesse ».

À ce moment-là, elle n'est plus tout à fait innocente, mais assez quand même pour se dissimuler qu'elle l'est moins qu'à son arrivée à la cour, et même au début de son séjour, mariage inclus, moins qu'elle ne l'était avant de danser avec M. de Nemours au bal des fiançailles de la fille du roi avec le duc de Lorraine, où elle le rencontre, puisque c'est de cet instant que date, progressive, sa découverte de la passion dont, hormis quelques joies, elle ne connaîtra que les douleurs.

Innocence incarnée, elle manque d'une apparence physique qui l'individualise : elle présente des traits réguliers, sans autres précisions. Pas de bouche, pas d'yeux, pas de nez, pas de taille. Aucun détail concernant ses atours. Blondeur et blancheur, c'est tout, en plus du rouge aux joues que dépose la modestie. Une apparence réduite à une définition d'ensemble, la beauté, la grâce et les charmes, façon de la présenter par l'impression qu'elle donne, d'une pure candeur.

Elle vient d'avoir quinze ans. Bien qu'elle soit, pour l'époque, en âge de se marier, c'est une adolescente. Elle pénètre d'un pas limpide dans l'aire confuse qui sépare l'inexpérience enfantine des tourments de l'expérience. Une zone de doutes, d'illusions, de désillusions, de réussites et d'échecs, avec son lot d'espérances et de rêves. Un entre-deux que tout être humain traverse. Et cet entre-deux constitue l'espace même du roman.

Scènes de cour

La cour où elle arrive n'est pas une cour réelle. On dirait un conte.

Première phrase : « La magnificence et la galanterie n'ont jamais paru en France avec tant d'éclat que dans les dernières années du règne de Henri second. » Autrement dit, « il était une fois ». Tout dans cet univers d'hyperboles respire la splendeur, la gloire, la majesté, la perfection : rideau levé sur le spectacle d'une féerie. La parenthèse se refermera le jour où, tragiquement, le règne d'Henri II prendra fin.

Ces dernières années possèdent la suprême élégance de ce qui culmine et s'achève : la beauté du chant du cygne. « Jamais cour n'a eu tant de belles personnes et d'hommes admirablement bien faits » : corps des hommes de guerre qui s'entretiennent en prévision de batailles qui, dans le roman, ne seront nulle part livrées, superbement modelés par les exercices, chasse, paume, courses de bague, ballets, courtisans aux esprits polis par les bienséances, les fêtes et les arts, poésie, comédie, musique, mérites extraordinaires des seigneurs et princesses, divertissements quotidiens, aimable plaisir des conversations, légèreté d'une bulle aux scintillements gracieux.

Quelques menaces assombrissent le tableau, comme la religion catholique qui « commençait d'être attaquée », bref écho des guerres civiles, ou le choc des ambitions, les rivalités, partis et cabales avec, au sommet, les haines de la toute-puissante Mme de Valentinois, qui s'oppose à l'ambitieuse humeur, mais dissimulée, de Catherine de Médicis appuyée sur celle, démesurée, du cardinal de Lorraine, frère éloquent, à la « science profonde », du fameux duc de Guise, aussi capable à la guerre que dans les affaires. Tous deux sont les oncles de Marie Stuart la reine dauphine, qui se dit « haïe de la reine et de la duchesse de Valentinois », avec le pressentiment qu'elle subira le même triste sort que sa mère, Marie de Lorraine, sœur du cardinal et de son frère le duc de Guise, veuve du roi d'Écosse. Ou encore menacent, vite annoncées, les suites funestes de « l'incomparable beauté » d'Élisabeth de France, fille de Catherine et d'Henri II, bientôt reine d'Espagne, union dont elle périra.

Sinon, félicités, palais et fêtes.

« Incomparable », l'adjectif accentue l'idéalisation, à l'exemple de M. de Nemours, ce « chef-d'œuvre de la nature », auquel seul le vidame de Chartres serait digne d'être comparé si quelqu'un pouvait l'être.

Rien n'est comparable à M. de Nemours sinon Mme de Clèves, se réverbérant l'un l'autre dans un accord féerique après le bal où, dansant ensemble, des murmures d'admiration s'élèvent : « Se voyant souvent, et se voyant l'un et l'autre ce qu'il y avait de plus parfait à la cour, il était difficile qu'ils ne se plussent infiniment. »

Et rien n'est comparable à ces deux idéaux d'un âge d'or révolu que cette cour sans égale, paradis enchâssé dans le souvenir des Valois. C'est un univers suspendu au-dessus des contingences, tourné exclusivement vers soi, dépourvu d'arrière-plan réaliste, paysans, artisans, domestiques, animaux, enfants même, villes, fleuves, climat, sans vent, sans pluie, sans odeurs, un univers à part, une parenthèse rêvée – une bulle.

Dans *La Princesse de Montpensier*, Mme de Lafayette dépeignait une cour concrète, brute, et même criminelle, celle de Charles IX, qui attirait les huguenots à Paris « pour cet horrible dessein qu'on exécuta le jour de la Saint-Barthélémy », initié par l'attaque contre l'un de leurs chefs, l'amiral de Châtillon, deux jours avant que ne se réalise « cet horrible massacre, si renommé par toute l'Europe ». Dans *La Princesse de Clèves*, publié quinze ans plus tard, rien de tel : un monde aux brutalités voilées, épargné par les scènes sanglantes, comme au théâtre.

Signes d'un vent d'optimisme, sceau de la Renaissance, d'élégants bâtiments éclosent : c'est la beauté de la maison de Coulommiers que font construire M. et Mme de Clèves à une journée de Paris, le faste étourdissant de la maison du maréchal de Saint-André achevée depuis peu, la nouveauté du château de Chambord où la cour séjourne en été.

La paix approche. La mort de Marie d'Angleterre en a retardé la signature, mais toutes les conditions en sont réunies. Entre la succession de victoires où Henri II a démontré sa valeur et le désastre de Saint-Quentin (quand, le 10 août 1557, les troupes espagnoles menées par Emmanuel Philibert, duc de Savoie, cousin du duc de Nemours, ont écrasé l'armée française commandée par le connétable de Montmorency), la concorde attendue s'établit : « La fortune [ayant] semblé se partager entre les deux rois [Henri II et Charles Quint], ils se trouvèrent insensiblement disposés à la paix. » L'arrivée de Mlle de Chartres à la cour coïncide avec l'avènement de cette ère pacifique, malgré le retard apporté par la mort de Marie d'Angleterre, simple contretemps dû aux difficultés de sa succession à Londres. « L'assemblée se rompit à la fin de novembre, et le roi revint à Paris. Il parut alors une beauté à la cour. » La fiction commence sous les meilleurs auspices.

Le conflit avec l'Espagne trouvera bientôt sa solution grâce aux pourparlers récemment engagés, conclus par les mariages que les négociateurs organisent, celui de Madame, sœur du roi, avec le duc de Savoie, et celui d'Élisabeth de France avec Philippe II, cette union qui lui sera fatale. La diplomatie remplace les batailles et le silence des armes répand ses bienfaits. La mort semble avoir pris ses quartiers d'hiver. Un tournoi spectaculaire doit célébrer à Paris le triomphe de la paix. Ces événements nimbés d'utopie se déroulent en un bref laps de temps, chronologie écrasée. L'arrivée de Mlle de Chartres se produit en novembre 1558, le tournoi aura lieu au mois de juin 1559.

Il s'agit d'un récit aux allures de conte, du moins au début, mais d'un conte aussi provisoire qu'illusoire, d'un conte cruel. Coïncidence peut-être, au milieu des dames qui l'entourent, dont Mme de Clèves, la reine dauphine fait référence à Marguerite de Navarre, la sœur de François Ier, « dont vous avez vu les contes ». Elle pense à l'*Heptaméron*, recueil paru à l'époque où se situe l'action du roman. Cette mention des contes intervient au cours de sa digression sur Anne de Boulen, mère d'Élisabeth d'Angleterre, laquelle vient de monter sur le trône et songe à épouser M. de Nemours, suscitant la curiosité de Mme de Clèves qui ne peut s'empêcher de trouver « flatté » l'un de ses portraits : pointe de rivalité jalouse, rare chez elle. Anne de Boulen, dit la reine dauphine, « avait les manières de France qui plaisent à toutes les nations ; elle chantait bien, elle dansait admirablement ; on la mit fille de la reine Catherine d'Aragon, et le roi Henri VIII en devint éperdument amoureux ».

La suite n'a plus rien d'un conte : ayant épousé Anne de Boulen après neuf ans de passion, Henri VIII, l'accusant brusquement de rapports incestueux avec son frère le comte de Rochefort, précipite leur procès et, d'un même élan, leur fait trancher la tête.

Les heureuses prémices n'ont pour agrément que de précéder les fins malheureuses.

La phrase qui lève le rideau, donnée sous la forme abstraite d'un constat enchanteur, place en tête les trois termes contraires au destin de Mme de Clèves. À la magnificence, régime de la pure dépense, expansion flamboyante des richesses, des passions et des arts, elle répondra, au terme du récit, par l'intérêt de son repos, refus du don de soi par crainte d'une privation d'amour qu'elle préjuge certaine, parcimonie sentimentale. À la galanterie, commerce des corps et de l'esprit, elle opposera la gravité des devoirs immobiles dans le souvenir du mari défunt, commerce des âmes. Enfin, abandonnant l'éclat des faveurs et des biens au théâtre des faux-semblants, elle choisira l'obscurité du retrait par le renoncement au monde.

Le premier dialogue en style direct met en situation le duc de Nemours. Au roi qui lui conseille d'épouser Élisabeth d'Angleterre, il demande de garder le secret jusqu'au succès de l'entreprise, de peur de « paraître rempli d'une assez grande vanité pour prétendre qu'une reine, qui ne m'a jamais vu, me veuille épouser par amour ». Cette possibilité d'un mariage prodigieux ouvre la boucle que ferme la dernière phrase en style direct, prononcée par Mme de Clèves dans le cabinet discret, au fond de l'appartement du vidame de Chartres, où, ayant avoué sa passion à M. de Nemours, elle détruit ses espérances : le veto sans retour, bouclant la boucle, illumine de sa lumière crépusculaire la féerie du début.

Mais déjà la fête, entre-temps, a tourné court.

Avec le tournoi, l'émerveillement atteint son apogée : la cour, les dames, le peuple de Paris vont assister au « plus magnifique spectacle qui eût jamais paru en France ». C'est le triomphe de l'amour offert à la vue de tous, exhaussé par les couleurs et les chiffres des maîtresses qu'arborent leurs champions dans la lice où, sur leurs destriers, galopant lances brandies le long des galeries avec les échafauds où sont assises les reines, les quatre tenants font assaut de bravoure et d'adresse. Le roi a le blanc et le noir de Mme de Valentinois, couleurs de son veuvage, le duc de Nemours le jaune et le noir, exhibition énigmatique de sa passion pour Mme de Clèves qui, lui ayant dit un jour qu'elle aimait le jaune, ne pouvait en porter, étant blonde, donc n'en portait jamais.

Les quatre tenants rivalisent de prouesses. Mais toujours, le comble du bonheur abrite le comble du malheur. Les harmonies miraculeuses ne brillant que pour s'abolir, on ne tient rien de ce qu'on croit tenir, on ne possède rien de ce qu'on croit posséder. Pessimisme chrétien, sous-jacent, d'un ici-bas sans prise sur ce que la mort reprend. Le soir tombe, quand « le malheur de l'État fit que le roi voulut encore rompre une lance ». Blessé à mort d'un éclat dans l'œil, Henri II perd la vie « heureux, adoré de ses peuples et aimé d'une maîtresse qu'il aimait éperdument » : fin de l'âge d'or.

Catherine de Médicis alliée aux Guise s'empare à pleines mains du pouvoir, éloigne ses ennemis, chasse Mme de Valentinois, et la cour change « entièrement de face ». Tandis que M. le dauphin, silhouette évanescente, monte à tâtons sur le trône, sa mère, d'épouse bafouée devenue veuve régnante, substitue la volonté de vengeance à la passion amoureuse. La parenthèse rêvée se dégrade sans cesser d'être une bulle, mais obscurcie. C'est toujours le même univers clos, sans Dieu, sans figure transcendante, une bulle extensible dans la mesure où la cour se déplace de châteaux en châteaux, mais une bulle immuable, dans la mesure où les prédictions et présages s'y réalisent, destins fixés par les étoiles de toute éternité.

Il n'y a qu'une prédiction qui ne se réalise pas : quand, juste après la mention de celle faite au roi qu'il serait tué dans un combat singulier, le duc de Nemours assure tout bas à Mme de Clèves qu'on lui a prédit qu'il serait « heureux par les bontés de la personne du monde pour qui j'aurais la plus violente et la respectueuse passion ». Et il ajoute : « Vous pouvez juger, madame, si je dois croire aux prédictions. » Cette prédiction qu'il invente en galant accompli, fausse par son invention et fausse par son échec, relève de la liberté propre à la fiction. Sinon, tout est déjà inscrit, prévu, fatal. La cour jouit de ses loisirs qu'aucune nécessité ne contraint, plongée dans un présent perpétuel malgré les événements qui la bouleversent, illustration par excellence (la remarque est classique) du divertissement pascalien sous la forme de cette « sorte d'agitation sans désordre » où les énergies se déploient sans verser dans le chaos, car nul ne conteste encore l'autorité du trône, mais sans qu'on puisse non plus leur trouver un sens, un progrès, un avenir, une finalité autres que leur effervescence : un chatoiement d'ambitions vides.

Le couple originaire

D'une part il y a la cour, de l'autre ce qui précède l'arrivée de Mme de Chartres et de Mlle de Chartres à la cour. Deux univers : à la bulle scintillante de l'agitation sans désordre répond celle du couple formé par la mère et la fille dans l'ordre et le repos, modalités déduites de l'éducation rigoureuse reçue par cette dernière.

Les deux univers s'excluent réciproquement.

Mme de Chartres est veuve : ayant tôt perdu son mari, elle s'est retirée de la cour pendant plusieurs années. La cour s'avérant totalement extérieure à ce qu'elle n'englobe pas, le lieu et le temps de l'éducation de Mlle de Chartres lui sont totalement extérieurs.

De plus, consacrant ses efforts à cultiver la vertu et l'esprit de sa fille, Mme de Chartres se démarque des méthodes employées par la plupart des mères : plutôt que la préserver des dangers de l'amour en évitant de lui en parler, elle lui en fait des peintures qui le rendent aimable pour en exposer plus clairement les dommages.

Cette pédagogie de l'exemple, qui repose sur des flux de paroles réguliers, implique une relation étroite que renforce la disparition du père. De celui-ci, le texte ne nous apprend rien, sinon qu'il est mort jeune et qu'il a laissé Mlle de Chartres sous la conduite de sa mère. On ne dispose d'aucune information sur les sentiments qu'il nourrissait pour sa femme, ni sur ceux qu'elle nourrissait pour lui. De la vertu et du mérite « extraordinaires » qui la singularisent, on peut inférer qu'elle s'est comportée en parfaite épouse, de même qu'elle s'emploie à se comporter en mère parfaite.

L'étroitesse de la relation qui unit l'une à l'autre se traduit par leur confiance mutuelle, proximité spatiale et affective qui autorise Mme de Chartres, arrivant à la cour, à prier sa fille « non comme sa mère, mais comme amie, de lui faire confidence de toutes les galanteries qu'on lui dirait ». Ne parlons pas de complicité (dans ce roman, personne n'est complice) : le respect des enfants envers les parents instaure entre mère et fille une distance analogue à celle qu'instaure entre conjoints l'autorité maritale, et qui se repère dans l'attitude de Mme de Chartres à l'heure où, victime d'une fièvre soudaine, elle se prépare à mourir. Tandis que la princesse fond en larmes sur la main qu'elle lui tend : « Adieu, ma fille, lui dit-elle, finissons une conversation qui nous attendrit trop l'une et l'autre. » Puis se tournant pour lui signifier la fin de leur entretien, de tous leurs entretiens, elle lui demande de sortir, sans plus désirer sa présence durant les deux jours où elle vivra encore.

On apprend alors, nouvelle preuve de leur étroite union, que sa fille « était la seule chose à quoi elle se sentait attachée ». Attachement que cette dernière partage : à sa mort, elle ressent une telle douleur qu'on « n'en a jamais vu de pareille ». Et s'il est vrai que « le besoin de se défendre contre M. de Nemours » occupe une grande part de son affliction, « la tendresse et la reconnaissance » en prennent la plus grande.

Que l'univers de la cour et celui du couple qu'elles forment s'excluent réciproquement, la religion en fournit un indice supplémentaire et flagrant.

Le roman effleure le fait religieux sans que Dieu soit invoqué, l'art romanesque n'étant pas de son ressort.

On commence à attaquer la religion catholique, indication d'intérêt factuel, qui, en annonçant les désordres dont la violence va prochainement déchirer le royaume, souligne, par contraste, les délices de la cour pendant les dernières années du règne d'Henri II.

Ensuite, la reine dauphine évoque le schisme provoqué en Angleterre par Henri VIII qui, sans attendre la dissolution de son premier mariage, épouse Anne de Boulen, entraînant « toute l'Angleterre dans le malheureux changement où vous la voyez ». Terrible effet de la passion, religieux, politique, personnel, où se profile en toile de fond le drame toujours vivace, pour les contemporains de Mme de Lafayette, de la décapitation par Cromwell du père d'Henriette d'Angleterre, Charles Ier, le 30 janvier 1649, à Whitehall. Drame en raison duquel celle-ci, encore dans les langes, fut transportée par sa mère en France pendant une nuit de tempête, ensuite toutes deux réfugiées sous la protection du Louvre, couple semblable à celui formé par Mme de Chartres et sa fille, aussi resserré, aussi uni dans l'exil. Au printemps 1670, une fois restauré le trône des Stuart, Louis XIV envoya Madame à Londres conforter l'alliance anglaise. C'est au retour qu'elle succomba à un mal subit. Sa mère, Henriette de France, sœur de Louis XIII, avait disparu l'année précédente. On pourrait croire que l'allusion de la reine dauphine au « malheureux changement » exprime un intérêt de la cour pour la religion. Ce n'est pas le cas : dans la cour du roman, on ne parle jamais de Jésus-Christ, de prêtres, de messes ni de prières. C'est une cour païenne dans un roman presque entièrement profane.

Presque. Car l'évocation du fait religieux trace une frontière entre cette cour terrestre et le couple que composent la mère et la fille.

Cette frontière sépare les deux mondes par la mention furtive de la « piété » de Mme de Chartres, accolée à sa « vertu », au sujet du courage dont elle fait preuve quand, peu avant sa mort, les médecins l'avisent du péril où elle se trouve. On meurt beaucoup à la cour, mais, sauf elle, personne ne montre de piété. Pas même le roi, qui « reçut la certitude de sa mort avec une fermeté extraordinaire et d'autant plus admirable qu'il perdait la vie par un accident si malheureux », sans y mêler le ciel : ni extrême-onction, ni cérémonie funèbre. Pas même M. de Clèves, qui, pris de fièvre pour s'être faussement cru trompé, meurt, ayant langui quelques jours, « avec une constance admirable », sans qu'il soit davantage fait mention du ciel.

À la mort du prince, Mme la Dauphine, à présent reine de France depuis la disparition d'Henri II, emmène Mme de Clèves, accablée de douleur jusqu'à en perdre la raison, « dans un couvent » sans qu'elle sache où on la conduit : le couvent sert ici de havre, pas d'enceinte où l'on prie.

Pourtant, seule la princesse manifeste, comme sa mère, des sentiments pieux, encore que cette singularité ne survienne qu'en clôture de sa passion. Ayant renoncé au duc de Nemours, et la proximité de la mort l'ayant élevée, après une maladie de langueur, à des « vues plus grandes et plus éloignées », elle termine sa vie en passant une partie de son temps « dans une maison religieuse et l'autre chez elle ; mais dans une retraite et dans des occupations plus saintes que celles des couvents les plus austères ».

La cour des mirages, livrée à l'agitation et au divertissement, ne réserve aucune place à l'au-delà. Annoncée par un astrologue, la blessure mortelle du roi réduit l'accident à l'influence d'une fatalité neutre, désastre inscrit sur un registre sans identité. Spectacle de prédictions et d'insignifiance, comédie humaine, théâtre : le ciel est désert. Inversement, Mme de Chartres et sa fille, qui viennent de l'extérieur, retournent au pays de l'ordre et des vertus austères. Pour elles, le véritable royaume n'est pas de ce monde.

Les propos de nature morale qu'elles échangent et qui les soudent dans une relation spécifique diffèrent des conversations mondaines où se complaît la cour. Ce poids des mots explique, chez Mme de Clèves, le sérieux qu'elle leur accorde, traduit par « l'extraordinaire » de ses deux aveux, celui qu'elle fera à M. de Clèves, puis son aveu final à M. de Nemours. Les mots, pour elle, n'ont pas la même valeur que pour les courtisans. Au contraire des masques dont ceux-ci se couvrent, maîtres en contrôle de soi par l'expression verbale et les expressions du visage (« ce que vous voyez ici n'est presque jamais la vérité », déclare Mme de Chartres), les mots pour la princesse ont une consistance quasi matérielle. Chargés de dire ce qui est au lieu de le travestir, ce sont les agents de la vérité. La faculté d'analyse qu'elle développe en procède.

Un lien manifeste raccorde cette faculté d'analyse, disons même ce besoin, à l'enveloppe maternelle tissée avant l'arrivée à la cour par les paroles protectrices que Mme de Chartres continue de dérouler après : ayant eu tant d'application pour inspirer la vertu à sa fille, elle « ne discontinua pas de prendre les mêmes soins dans un lieu où ils étaient si nécessaires ». La bulle de l'éducation, saturée d'innocence, ne se limite ni à l'endroit, ni au temps d'où elles proviennent, mais se maintient jusqu'aux lendemains du mariage, jusqu'à la rencontre avec M. de Nemours, où elle se fissure au risque d'éclater – ce que symbolise, évidemment, la mort de Mme de Chartres.

Cette bulle a tout d'un accord fusionnel. Sans quoi, l'absence du père n'aurait pas de raison d'être : rien ne la justifierait. Fusion, coquille, enveloppe, peu importe le terme dès lors qu'il se réfère à la proximité tutélaire, génitrice, primordiale, de la mère et de sa fille.

L'extériorité de la parole protectrice, synonyme de l'enfance, par rapport à la bulle où s'agite la cour, monde des adultes, crée un espace entre les deux sphères. Ce n'est pas un hasard si l'on ne rencontre aucun enfant dans le roman, à croire que, dans la réalité, l'univers curial prohibait les enfants. Loin de là. Il était possible de mentionner les frères cadets de M. le dauphin, les futurs Charles IX et Henri III, alors âgés de sept ou huit ans, qui venaient de quitter les jupons de leurs nourrices. Mais différencier les deux sphères accuse le rôle essentiel de ce qui les sépare : quand Mlle de Chartres arrive à la cour, elle atteint la limite qui s'interpose entre l'univers enfantin, soumis au tutorat maternel, et les vicissitudes du monde réel, où s'exercent les décisions autonomes. Elle n'est plus tout à fait dans l'enfance, pas encore en dehors, pour autant qu'elle en sorte.

Telle est l'épreuve que l'avenir lui réserve : sortir de cette bulle pour se plier aux nécessités de la société de cour sans perdre son innocence. Demeurer dedans et simultanément se couler dans les impératifs du dehors. La contradiction prend le nom de « scrupules », de « faute », de « honte ». Elle prend aussi le nom de « joie », comme « la joie pure et sans mélange » qui ravit la princesse quand, enfermée chez elle avec M. de Nemours que son mari a amené dans sa chambre, ils récrivent de mémoire la lettre de Mme de Thémines prétendument perdue par le duc, en fait par le vidame (elle est tombée de sa poche au jeu de paume, on l'a ramassée, on l'a publiquement lue). Lettre qui, si Catherine de Médicis apprenait que c'est à lui, le vidame, qu'elle s'adressait, le ruinerait auprès d'elle. Tout, dans cette parenthèse enchantée qui ne se répètera pas, exprime les pures joies de l'enfance : la gaieté, les plaisanteries, le sens des responsabilités envolé, le temps qui passe sans qu'on le sente, aucun sentiment de faute et encore moins de honte, l'insouciance où plus rien ne compte, un bain de félicité magique.

Si Mme de Clèves reçoit impunément ce moment idyllique, c'est que « la présence de son mari et les intérêts du vidame de Chartres la rassuraient en quelque sorte sur ses scrupules ». Puis, après le départ du duc, sans que la lettre, récrite n'importe comment, puisse convaincre quiconque qu'il s'agit bien de l'original, la magie retombe et, faisant retour sur soi, elle se livre à l'introspection : elle revient alors « comme d'un songe ». Néanmoins, M. de Nemours n'est pas seul à partir : M. de Clèves l'accompagne. Et, en s'en allant, il emporte une condition essentielle à l'innocence, la protection d'un tiers (Mme de Chartres ou, ici, son substitut, le prince lui-même). La joie de Mme de Clèves est « soutenue » par la présence de M. de Nemours, mais la présence du prince étaye ce qui soutient sa joie.

La réalité surgit dès que la présence tutélaire s'évanouit. Cette réalité porte un nom : M. de Nemours, qui l'incarne par les effractions qu'il opère dans l'innocence en péril. Où qu'aille Mme de Clèves pour lui échapper, il y va. Elle ne dispose d'aucun lieu qui lui permettrait d'échapper à sa pression. Lorsque le duc quitte Paris pour rejoindre le roi, elle « trouve une grande peine à penser qu'il n'était plus au pouvoir du hasard de faire qu'elle le rencontrât. Elle s'en alla à Coulommiers ». Or c'est là que M. de Nemours la retrouve grâce à un propos fortuitement capté, comme si le hasard n'était qu'une excroissance de la cour.

Se confronter à la réalité, écueil omniprésent, sans perdre son intégrité, tel est, pour elle, l'enjeu vital.

En arrivant à la cour, elle aborde donc cet âge indécis, plus tout à fait enfant, pas encore femme, l'adolescence, que les rites de passage aident ordinairement à franchir. Si le succès les couronne, ils consolident les caractères. S'ils échouent, ils mutilent l'avenir, voire le brisent. Réussir ou périr. Le destin de Mme de Clèves se place dans les bornes binaires de cette alternative. Épouser M. de Nemours, ou le refuser et mourir. Soit l'indéfectible amour dans le mariage, soit le retrait sans retour.

Pourtant, entre le mariage avec le duc et le renoncement qui, après quelques années d'une vie enclose dans le corset des règles qu'elle s'impose, la mène à la mort, une troisième solution s'offrait : courir le risque d'être trompée, négligée et même repoussée, ou bien la chance de ne pas l'être. Mais l'alternative prend l'aspect d'une tenaille : le rejet de la conciliation possible – accepter les vicissitudes, s'adapter – confère au roman cette radicalité qui contribue si puissamment à la perpétuation de son aura. La postérité voue un culte aux volontés qui refusent de transiger.

Mlle de Chartres a quinze ans lorsqu'elle se marie : c'est un âge, chez les âmes élevées, qui ne badine pas avec l'amour, avec aucune exigence. À défaut du soleil au zénith, il n'admet que la nuit. L'absolu l'impatiente, les tiédeurs lui répugnent. Il oscille d'un extrême à l'autre. La belle jeunesse n'a jamais le temps d'attendre.

Cela, Mme de Lafayette le savait de source vive. Henriette d'Angleterre était une femme, pas une jeune fille. Mais Mme de Lafayette avait partagé ses confidences, elle avait appris les pièges qui lui étaient tendus, les illusions déçues, les intrigues délétères, les trahisons, les défaites. Aux derniers instants, touchée par le courage dont sa royale amie témoignait dans son agonie, elle s'en est armée. Tergiverser, mollir, ne pouvait imprégner son roman. D'ailleurs, l'époque ne s'y prêtait pas. Sous Louis XIV, on glorifiait les tempéraments carrés. On méprisait le larmoyant, le douceâtre. Même les génuflexions se voulaient franches. Les lignes droites de l'architecture reproduisaient la rigueur des pères et la sévérité de Dieu.

Bossuet prononça l'oraison funèbre d'Henriette d'Angleterre. De lui, cette exclamation fameuse : « Madame se meurt ! Madame est morte ! » De lui aussi ces mots tristement poétiques : « Dans la plupart des hommes, les changements se font peu à peu, et la mort les prépare ordinairement à son dernier coup. Madame cependant a passé du matin au soir, ainsi que l'herbe des champs. Le matin elle fleurissait ; avec quelles grâces, vous le savez : le soir, nous la vîmes séchée... » Les influences de la vie sur l'art empruntent de multiples voies, parfois évidentes, parfois discrètes. Il arrive qu'elles s'écartent au plus loin pour mieux s'insinuer. Ou qu'elles projettent sans détours leur ombre efficace, comme ici. Bossuet, qui abhorrait la mollesse, exaltait en chaire, de sa voix forte qui roulait jusqu'au fond des églises, la constance et la fermeté. Il se délectait du pieux courage des mourants. Celui de Madame remplit l'oraison funèbre. Un courage d'autant plus émouvant qu'il scellait une vie trop brève. Pensant à la princesse de

Clèves, cette libellule qui meurt à la fin du jour, on ne peut manquer de songer au destin de Madame, herbe des champs fleurie le matin, et le soir inexorablement séchée.

Les parures

Le lendemain de son arrivée, Mlle de Chartres se rend, pour assortir des pierreries, chez un riche Italien qui en fait commerce. Valincour condamne cette démarche : d'après les femmes habiles, dit-il, « on ne laisserait pas à une fille de son âge le soin d'assortir des pierreries », précisant que « tout ce que l'on peut faire à cet âge-là, c'est de choisir les rubans et des garnitures ». Comment mieux marquer sa jeunesse ?

Puis, considérant sa rencontre avec M. de Clèves, Valincour l'aurait préférée dans une église plutôt que dans la maison du marchand. S'il a sans doute raison sur le premier point, il a tort sur le second, puisque le roman, tout religieux qu'il soit dans son fond, s'évertue à bannir les références religieuses.

En fait, Valincour, malicieux pinailleur, a doublement tort. La venue chez l'Italien, d'une logique exacte sur le plan romanesque, signe l'entrée en scène de Mlle de Chartres. Les pierreries la transforment en surface, avant que la passion ne la change en profondeur. Elles représentent les parures que les dames se doivent de porter. Leur beauté, le respect de leur rang, leurs victoires dans les rivalités amoureuses en dépendent. Il ne suffit pas d'être de haut lignage : il faut le montrer. Les pierreries sont aux femmes ce que les exploits guerriers sont aux hommes, des moyens de prestige, des attestations de grandeur. Comme toujours, mais plus qu'ailleurs dans cette société d'inégalités fondées sur la naissance, l'habillage vaut message. Les courtisans des deux sexes existent par ce qu'ils affichent. Ce sont des porteurs de joyaux sur des étoffes somptueuses. Pas d'éclat curial sans brillantes parures. Et l'on cultive d'autant mieux son éclat qu'on dissimule ses sentiments et pensées. Exhiber permet de cacher. La lumière aveugle, comme l'amour.

Lors du bal où Mme de Clèves et le duc de Nemours se voient pour la première fois, lorsqu'elle arrive, ayant passé tout le jour à se parer, les courtisans admirent « sa beauté et sa parure » : les deux sont indissociables. De même, le soin que M. de Nemours « a pris de se parer augmentait encore l'air brillant qui était en sa personne ». Éléments des parures, les pierreries investissent l'espace mondain, partie intégrante des festivités, organe surnuméraire.

Le maréchal de Saint-André, aimé du roi qui le comble de faveurs, s'apprête à donner un bal auquel M. de Nemours se trouve empêché d'aller. Celui-ci, sachant que Mme de Clèves y sera présente comme toutes les dames, défend avec chaleur l'idée qu'il est insupportable à un amant de voir ou de savoir sa maîtresse au bal parce qu'elle se pare non pour lui mais pour tout le monde, et que, dans la joie qu'elle tire de sa beauté, l'amant ne tient pas la plus grande part. Selon lui, il n'y a pire souffrance que « de voir sa maîtresse au bal, si ce n'est de savoir qu'elle y est et de n'y être pas ». On rapporte l'opinion de M. de Nemours chez la reine dauphine au moment où, retirée dans ses appartements, celle-ci s'est fait apporter ses pierreries en prévision de la fête donnée par M. de Saint-André, et dans l'intention d'en prêter à Mme de Clèves. Laquelle, sans se formuler le vrai motif de la résolution qu'elle prend, décide aussitôt de ne pas se rendre à un bal dont M. de Nemours serait absent. Les parures comptent moins pour se plaire à soi que pour plaire aux autres. Dans *Les Dames galantes*, Brantôme, apôtre des joies de la chair, observe que « toute belle femme s'aime extrêmement, et en s'aimant ce n'est point pour elle, mais pour autrui ; et nullement ressemble à Narcisse qui, fat qu'il était, aimé de soi et de soi-même amoureux, abhorrait toutes autres amours ». Le narcissisme c'est s'aimer pour soi, l'amour-propre s'aimer pour les autres.

À la cour, milieu de socialité suprême, les appréciations du public importent davantage que les qualités que chacun s'attribue. L'orgueil nobiliaire ajoute au rang ce que la fatuité lui ôte. Les Trissotin de l'apparence choquent non seulement le bon goût, mais le bon sens. Chacun ne valant que sous le regard des autres, c'est de leur jugement que l'on extrait celui qu'on porte sur soi, dans les mérites reconnus qu'on puise l'estime qu'on s'accorde et, plus généralement, dans les sentiments qu'on inspire ceux dont on se flatte. L'individu en tant que tel n'existe guère, sinon comme un rapace dont on couperait les ailes.

Étant admis que l'être et le paraître coïncident, Mme de Clèves se donnera pour destin de dissocier ce qui, par essence, s'associe chez les courtisans. C'est dire la pertinence de la démarche qu'elle entreprend dès son arrivée. Venue assortir des pierreries, son premier contact avec la cour désigne le dénouement qu'elle effectuera. Dénouement au sens propre : elle tranchera le nœud de l'être et du paraître.

En guise de quoi, ce premier contact coagule tous les traits de la passion : l'éclat, la façade, le leurre.

Les parures, mises au service des devoirs de représentation, introduisent une distance. Celle-ci éloigne de leur vérité les personnages qui brillent de mille feux. Partant, il est difficile de savoir quelle est cette vérité. Le doute se glisse dans cet écart, accompagné de sa pénible conséquence, l'incertitude, et du moteur qui l'encourage, la défiance.

Le doute produit la jalousie, ce poison mortel. La défiance, chargée de le prévenir, l'entretient. C'est la défiance envers soi-même que Mme de Chartres recommande à sa fille d'observer pour ne pas succomber aux attraits de la passion. On succombe au péril de l'amour, on succombe au péril de la mort : pour elle, cela s'équivaut. « Le péril où je vous laisse », dit-elle à Mme de Clèves sur son lit de mort. Elle lui recommande une même défiance à l'égard des hommes, dont, avec leur « peu de sincérité », elle lui conte « leurs tromperies et leur infidélité », ajoutées aux « malheurs domestiques où plongent les engagements ». Se défier des hommes, récuser leurs éloges, suspecter leur charme, dédaigner leurs hommages et, dans le même temps, se défier de soi, se sonder, se soupçonner, se dédoubler, organiser une distance entre son esprit et son corps, asservir ses désirs à sa volonté : préceptes d'inquisition, règles de tribunal.

Cet éloignement intérieur, constitutif de la vertu des femmes honnêtes, incite à l'analyse, condition des aveux, si douloureux soient-ils, auxquels on se contraint : aveux à autrui comme à soi-même.

La distance, creuset des doutes, matrice des illusions et de la solitude, ronge les rapports entre les courtisans. Le prince de Clèves en subit les effets dès le début de sa passion. Face à la beauté modeste de Mlle de Chartres, il tombe amoureux comme on tombe dans un puits.

Aussitôt, le mystère l'entame. Chez le marchand de pierreries, il comprend, à l'air de la jeune fille et par ses gens, qu'elle est de haute naissance. Elle rougit, sans lui prêter autrement attention, de l'insistance avec laquelle il l'examine. Elle l'éblouit autant qu'il l'indiffère, mais il ignore qui elle est : voilà, en quelques lignes, réunies les conditions de la passion asymétrique.

Ne l'ayant jamais vue, il s'interroge : « Sa jeunesse lui faisait croire que c'était une fille, mais, ne lui voyant point de mère, et l'Italien qui ne la connaissait point l'appelant madame, il ne savait que penser, et il la regardait toujours avec étonnement. » La scène ne se contente pas de creuser une distance infranchissable entre l'œil passionné et l'œil indifférent (tout le contraire de la surprise qui capture, dès qu'ils se voient, la princesse et M. de Nemours précédés de leurs réputations respectives), elle en creuse une seconde, qu'on ne remarque pas de prime abord, et qui, en effet, paraît simplement ponctuelle. Cette jeune personne que le prince considère, tellement empli d'admiration qu'il admire même son esprit alors qu'elle n'a pas prononcé un seul mot, est-elle fille ou est-elle mariée ?

Fille d'un côté, épouse de l'autre : en théorie, deux statuts absolument distincts. Mais, pour le coup, c'est moins net : le prince ne sait que penser. Ce sera son drame : que penser de cette jeune fille ? que penser de son épouse ? Après qu'eut été divulgué l'aveu inouï qu'elle en aimait un autre, cette preuve de fidélité sans exemple qui l'a rendu le plus malheureux des hommes, « il ne savait plus que penser de sa femme ».

À la cour, on ne sait jamais quoi penser de l'autre. On hésite, on s'inquiète, on suppute, on guette, on tend l'oreille, on dévisage. M. de Clèves s'émerveille devant cette inconnue que sa curiosité fait rougir : qui est-elle ? est-elle fille, est-elle mariée ?

L'une des particularités de la cour tient au paradoxe selon lequel le mariage, au lieu de protéger les femmes des assauts masculins, met leur liberté en circulation et leur fidélité à l'épreuve. Filles, personne ne les attaque : elles sont à marier, pas à séduire. Plutôt qu'à des forteresses, elles s'apparentent à des vestales. Épouses, elles deviennent des proies. Elles se révèlent alors des forteresses soit vulnérables, soit imprenables.

Du moins devraient-elles se révéler soit vulnérables, soit imprenables. Mais le roman présente une nouvelle particularité : toutes les forteresses sont vulnérables, la cour ayant pour étrange coutume de favoriser l'adultère. M. de Clèves en témoigne : « Je connais trop le monde », dit-il à la princesse, « pour ignorer que la considération d'un mari n'empêche pas que l'on soit amoureux de sa femme. On doit haïr ceux qui le sont et non pas s'en plaindre ». L'exemple d'Henri II vaut pour tous : de sa violente passion pour Mme de Valentinois, il donne des témoignages éclatants. Face à la favorite, la reine n'a aucun droit, elle doit s'incliner. La première page du roman met d'emblée en relief cet état de fait.

Pour Mlle de Chartres, conserver son innocence dans le monde où elle pénètre relève de la gageure, sauf à se garder de toute action. « L'ambition et la galanterie étaient l'âme de cette cour », ce qui se traduit par une occupation à plein temps. En libérant les hommes des charges de la guerre, l'ère de paix leur ménage du loisir. Ils le consacrent aux mêmes activités que les dames. Cette convergence débouche sur un vrai bouillonnement. L'amour étant toujours mêlé aux affaires et les affaires à l'amour, « personne n'était tranquille ni indifférent », chacun cherchait « à s'élever, à plaire, à servir ou à nuire ». D'où l'agitation qui rend la cour « très agréable, mais aussi très dangereuse pour une jeune personne ».

Le danger tient en une formule : le risque de perdre. On peut perdre beaucoup de choses : son honneur avec sa vertu, la cour réprouvant officiellement l'adultère qu'elle favorise en sous-main. On peut perdre la tranquillité qu'apporte le bonheur conjugal, ce que Mme de Chartres enseigne à sa fille. La santé ou sa fortune, mais ici la question ne se pose pas. Perdre la raison par désespoir, sans confondre le cas avec la folie. Enfin perdre un proche, et cela de diverses façons.

Le caractère moralement inacceptable de la perte en matière d'honneur, psychologiquement douloureux pour ce qui regarde l'amour-propre, et affectivement variable pour ce qui concerne les proches, travaille le roman dans son épaisseur.

Aujourd'hui, la perte s'éprouve plus durement sur le plan affectif que sur le plan moral, situation inverse de celle de la cour, où le plan moral, qui relève du jugement public, l'emporte sur le plan affectif, qui relève de l'individu. Cela explique pourquoi le roman nous semble suranné. Mais aussi en quoi il reste moderne : si Sancerre se désespère de la mort de sa maîtresse et si le prince de Clèves, dans le même esprit, ne peut imaginer qu'il y ait « quelque chose de pire que la mort d'une maîtresse que l'on aime et dont on est aimé », minorant celle d'un parent, père, mère ou conjoint, Mme de Clèves ressent la perte de sa mère et surtout de son époux aussi durement que Sancerre celle de sa maîtresse, et la perte affective aussi durement que la perte morale.

Quant à *ne rien perdre*, voilà un objectif impossible à atteindre en tout temps, en tous lieux, mais particulièrement dans une société placée sous le signe de la dépense, corollaire obligé de la magnificence. Y parvenir nécessite une personnalité proprement extraordinaire.

« Extraordinaire », ainsi Mme de Clèves qualifie-t-elle, à bon droit, l'aveu qu'elle fait à son mari, et que la peur de déchoir lui arrache. Elle-même se veut sans égale et le revendique : « Il n'y a pas dans le monde une autre aventure pareille à la mienne ; il n'y a point une autre femme capable de la même chose. » Cette haute conscience de soi, qui contredirait la modestie de la jeune fille rougissante si cette modestie n'exprimait pas une vertu exemplaire, charrie des déceptions cuisantes : apprenant que M. de Nemours a divulgué la teneur de son aveu au prince, Mme de Clèves en colère s'accuse d'avoir eu « tort de croire qu'il y eût un homme capable de cacher ce qui flatte sa gloire ». L'humiliant de la situation tient à ce que, aimant le duc pour l'avoir cru « si différent du reste des hommes », elle se trouve « comme les autres femmes, étant si éloignée de leur ressembler ». Orgueil juvénile proche de l'arrogance dont, fille modèle, elle a hérité de sa mère pour s'y brûler.

Cet objectif de ne rien perdre, ni la maîtrise de soi, ni l'amour de son mari, ni sa réputation, ni son éclat, Mme de Chartres le lui assigne par l'éducation qu'elle lui donne (redoublant la pression, sur son lit de mort, par sa crainte de la « voir tomber comme les autres femmes »). Elle lui plante dans la conscience l'impérieux devoir de surmonter, à tout le moins d'éviter, le piège inéluctable que lui tendra la cour. Elle lui enjoint de préserver à tout prix la transparence de ses intentions, de ses sentiments, de ses actes et de ses discours, de conserver son bien le plus précieux, sa réputation.

Le prince de Clèves à l'agonie se plaint de l'infidélité qu'il lui suppose, de ce « crime » qui l'enfièvre et le tue : « Moi, des crimes ! s'écria-t-elle ; la pensée même m'en est inconnue. La vertu la plus austère ne peut inspirer d'autre conduite que celle que j'ai eue ; et je n'ai jamais fait d'action dont je n'eusse souhaité que vous eussiez été témoin. » Sa réponse déforme la réalité (dans leur maison de Coulommiers, elle se sait coupable de contempler le duc de Nemours représenté au siège de Metz sur le tableau qu'elle a fait apporter), mais cette réponse réaffirme dans son exigence le but poursuivi : conserver intacte sa réputation, conditionnée par la transparence envers soi-même, envers son mari, et, au-delà, envers la cour, qui n'en demande pas tant ; bien plus : qui réclame une opacité maximum, unique moyen d'abriter le for intérieur des indiscrétions qui l'assiègent.

À la cour, on sait tout : « Vous croyez que votre amour n'est pas su, déclare Catherine de Médicis au vidame de Chartres, mais il est connu. » Et elle précise : « On vous observe, on sait les lieux où vous voyez votre maîtresse, on a dessein de vous y surprendre. » Sans doute ment-elle, elle ruse. Il n'empêche : M. de Nemours reproche ensuite au vidame de s'être « imaginé qu'au milieu de la cour », il pouvait aimer Mme de Martigues, sa maîtresse, « sans que la reine s'en aperçût ». Sancerre, qui reçoit peu de lettres de Mme de Tournon, ne s'en étonne pas, sachant qu'elle rechigne à les « hasarder ». On la comprend : les écritures se reconnaissent, celle d'une lettre perdue, ou qu'on recopie. Les rumeurs courent les salons, les confidences s'éventent, même les aveux extraordinaires en lisière de forêt, à Coulommiers, dans la sécurité d'une maison de campagne. La cour est une machine dotée d'une ouïe perçante en plus d'un œil énorme.

Les gens de probité, que représentent Mme de Chartres et le prince de Clèves, condamnent la dissimulation dont se revêtent les courtisans. Ils prônent un cœur transparent, convaincus que l'éthique conjugale impose de rester indemne de toute dégradation sous peine d'affreux malheurs. D'une femme comme vous, dit le prince à son épouse, qui, des visites qu'elle reçoit, ne refuse que celle de M. de Nemours, « tout est des faveurs hors l'indifférence ».

Aucune tache, aucun relâchement. Résultat de l'éducation inculquée dans les temps de l'innocence, telle est, en son exigence, la loi à laquelle Mme de Clèves doit se soumettre. L'enjeu consiste à devenir épouse sans cesser d'être fille, non par le statut, mais par tout son être. À rester impeccablement vertueuse au milieu des pires tentations, version galante du supplice de Tantale.

L'amour authentique

Pivot du récit, Mme de Chartres méconnaît la cour, dont elle s'est tenue éloignée pendant des années. Elle en perçoit mal les complexités nouvelles. Ses tractations matrimoniales se payent chaque fois d'échecs. Que le duc de Nevers refuse l'alliance avec sa maison la surprend : elle « n'avait pas mis en doute que M. de Nevers ne regardât le mariage de sa fille comme un avantage pour son fils ». L'opposition de la maison de Guise l'étonne et la blesse. Elle constate, stupéfaite, que le duc de Montpensier rejette son alliance. Elle ignore presque tout des conflits d'ambition qui sous-tendent ces réactions, les ententes et menées secrètes de Mme de Valentinois comme du cardinal de Lorraine. Elle porte sur l'état moral de la cour un regard aussi myope que sur les manigances qui s'y trament.

Pour elle, dirait-on, le temps s'est arrêté. Elle croit, vestige d'un idéal passé de mode, que la seule chose qui puisse faire « le bonheur » d'une femme est « d'aimer son mari et d'en être aimée ». Un bonheur sans remous, qui s'écoule tout droit, front haut et collet monté. Cette vision d'une concorde conjugale uniquement vouée au maintien de l'éclat par l'observation stricte des règles de décence détonne dans un milieu adonné aux épices de l'amour, et bute sur une erreur aux conséquences prévisibles : bien que sa fille lui eût confié qu'elle n'éprouvait aucune inclination pour le prince de Clèves, Mme de Chartres n'a pas craint de lui donner « un mari qu'elle ne pût aimer ». C'était lui rendre la fidélité quasi inaccessible.

Ses convictions, d'une parfaite rectitude, témoignent d'un conservatisme obstiné : elle seule, dans le roman, place la réputation, fondée sur le respect absolu d'une vertu sans failles, au-dessus de toutes considérations.

Comme l'opposition de Mme de Valentinois et des Guise aux projets matrimoniaux qu'elle nourrissait pour sa fille en ont causé l'échec, plus personne ne se propose, sauf M. de Clèves. Elle l'accepte donc avec empressement. Du coup, elle ajoute à la neutralité de sa fille pour la personne du prince un devoir de gratitude qui, espère-t-elle, remplacera le manque d'amour. Elle ne le dit pas, cela se déduit de l'insistance qu'elle met à lui représenter la dette contractée. Ce faisant, elle accorde à la raison une puissance capable de contenir les égarements du cœur.

Elle s'abuse. Cet optimisme mène l'avenir à une impasse.

En attribuant au bonheur une place éminente, à la réputation le mordant d'un devoir inflexible et à la raison une puissance qui reste à conquérir, elle ne laisse le choix à son héritière qu'entre un interminable ennui, de cruels scrupules de conscience, ou, comme les autres femmes, le précipice d'une chute au fond du déshonneur.

Et pourtant, la conception qu'elle se fait de la passion s'avère moins tranchée qu'on ne pourrait le croire. Sous le rigorisme des leçons, elle distingue deux sortes de passions – entendons : d'adultères. L'une excusable, voire louable, l'autre inexcusable.

Elle condamne sans réserve celle qu'Henri II éprouve depuis plus de vingt ans pour la duchesse de Valentinois. « Si cette femme, argumente-t-elle dans un long exposé à Mme de Clèves sur les qualités d'une passion authentique (et le terme qu'elle utilise, « cette femme », trahit dans quel mépris elle tient la favorite royale), avait eu de la jeunesse et de la beauté jointes à sa naissance, qu'elle eût eu le mérite de n'avoir jamais rien aimé, qu'elle eût aimé le roi avec une fidélité exacte, qu'elle l'eût aimé par rapport à sa seule personne sans intérêt de grandeur, ni de fortune, et sans se servir de son pouvoir que pour des choses honnêtes ou agréables au roi même, il faut avouer qu'on aurait eu de la peine à s'empêcher de louer ce prince du grand attachement qu'il a pour elle ». Elle ne dit pas « s'empêcher de comprendre ce grand prince », mais « s'empêcher de le louer ». Le rigorisme n'interdit pas l'adultère, il le conditionne à une somme de dispositions qu'on peut résumer par cet axiome : la passion est permise si, sérieuse et durable, elle ne s'adresse qu'à l'être de la personne aimée. Elle est même louable si elle s'adresse à une personne qui s'en montre digne.

Inversement, elle est déraisonnable, donc inexcusable, si elle s'adresse à une personne qui s'en montre indigne.

Aussi Mme de Chartres, plus tard, s'étant aperçue de l'inclination de la princesse pour M. de Nemours, s'emploie-t-elle, en psychologue avertie, à empoisonner son image : plutôt que le flétrir, elle feint de prendre pour de la sagesse son incapacité à devenir amoureux et son habitude de préférer aux attachements sérieux le plaisir qu'il tire du commerce des femmes. Ce qui s'appelle avoir « un commerce de galanterie ». Le vidame de Chartres utilise l'expression pour désigner sa relation, dépourvue d'engagement, avec une « femme moins belle et moins sévère que Mme de Thémines », sa maîtresse qu'il aime d'une passion véritable et qui, sensible à ce qu'elle se doit, se refuse encore à lui (« quoiqu'elle m'aimât, je n'étais pas assez heureux pour avoir des lieux particuliers à la voir et pour craindre d'y être surpris »). Avoir une galanterie relève du jeu ou de la chair facile, des émotions de surface cultivées dans le babil des salons ou le moelleux des alcôves. La reine dauphine, sorte de gazette vivante, s'y montre experte : par elle transitent les dernières nouvelles, révélations d'idylles, potins mondains.

À l'inverse des galanteries, la passion frappe par son sérieux, et même sa gravité. Elle trouble, elle tourmente, elle exalte, elle désespère. Rien de ludique. L'amour peut s'y mêler de haine. C'est une affaire de vie et de mort. Par ses insinuations dirigées contre M. de Nemours, Mme de Chartres conforte, en creux, sa définition de la passion.

La logique voudrait que, si M. de Nemours était capable de devenir sincèrement amoureux de Mme de Clèves, sans autre intérêt que sa personne et le souci de son bonheur, il mériterait d'en être loué, et elle de l'aimer. Mme de Chartres, évidemment, ne peut retenir cette conclusion contraire à son éthique conjugale. Elle le peut d'autant moins qu'elle omet de considérer l'hypothèse dont la justesse possible travaille Mme de Clèves : l'éventualité que le duc évolue, que la passion le transforme. L'héroïne tranchera l'hypothèse par la négative : M. de Nemours a eu des passions avant elle, donc, si elle l'épouse, il en aura d'autres.

Fatalité des caractères et des comportements à la cour, dans cet univers immuable sous les tourbillons qui l'agitent. Italienne, Catherine de Médicis est nécessairement jalouse. Mme de Chartres, comme Mme de Clèves, acquiescent à cette fatalité, que cette dernière appelle « ma destinée ». Tout est joué d'avance. En enfermant M. de Nemours dans le caractère où ses insinuations le fixent, Mme de Chartres y enferme également sa fille.

Le prince de Clèves, son protégé, son ombre portée, quasi son double, partage l'opinion qu'elle professe sur ce qu'est l'amour authentique. Adultère ou amour conjugal, les caractéristiques de la vraie passion sont les mêmes.

Sur son lit de mort, il dit à la princesse, reprenant exactement le préjugé de Mme de Chartres : « Adieu, madame, vous regretterez quelque jour un homme qui vous aimait d'une passion véritable et légitime », avant de prédire le chagrin dont elle souffrira en connaissant « la différence d'être aimée, comme je vous aimais, à l'être par des gens qui, en vous témoignant de l'amour, ne cherchent que l'honneur de vous séduire ». Ce qui constitue une menace et même une vengeance par anticipation, autant qu'une mise en garde où il enferme, lui aussi, l'héroïne dans le tempérament infrangible du duc de Nemours.

Il exprimait la même conception peu avant d'épouser Mlle de Chartres. Regrettant qu'elle ne montre, malgré la proximité du mariage, « ni impatience, ni inquiétude, ni chagrin », il se désole : « Vous n'êtes pas plus touchée de ma passion que vous le seriez d'un attachement qui ne serait fondé que sur les avantages de votre fortune et non pas sur les charmes de votre personne. » Puis, comme elle lui répond que la bienséance lui interdit d'en faire davantage : « Au lieu que la bienséance vous retienne, c'est elle seule qui vous fait faire ce que vous faites. Je ne touche ni votre inclination, ni votre cœur, et ma présence ne vous donne ni de plaisir, ni de trouble. »

Le mariage d'amour auquel M. de Clèves aspire heurte de plein fouet le mariage de raison. Victime du choix de Mme de Chartres qui a donné à sa fille un homme qu'elle ne pouvait aimer, il énonce, comme elle, en quoi consiste la passion authentique : l'être élu n'est pas un moyen, mais une fin.

Ce que contredit le mariage d'intérêt : une alliance entre des maisons, pas entre des individus qui s'aiment.

À la définition de l'amour authentique s'ajoute, en matière d'adultère, le soin qu'on prend de le cacher. Parlant du duc d'Orléans, frère cadet d'Henri II, qui aimait, avant de mourir, une des plus belles femmes de la cour dont il était aimé, Mme de Chartres s'abstient de nommer celle-ci, considérant qu'ayant sagement vécu depuis, et « même caché avec tant de soin la passion qu'elle avait pour ce prince », elle a « mérité que l'on conserve sa réputation ». Le pire dans l'adultère n'est pas tant de le commettre que de le révéler. À la cour, s'il convient d'offrir à la vue les prééminences extérieures, il est malséant d'étaler les dispositions intérieures. Encadrée par les bienséances, l'agitation se nourrit du spectacle de l'écume tout en serrant les sentiments dans l'intimité des consciences et des cœurs. À trop montrer, on se déconsidère. On se manque à soi-même et l'on manque aux autres.

Ironie de l'histoire, la discrétion que le duc de Nemours veille à observer à l'égard de Mme de Clèves, « trop amoureux pour avouer son amour », corrobore l'opinion de Mme de Chartres : la sincérité d'une passion se mesure au secret qu'on en garde. Son amour pour Mme de Clèves, il l'a en effet « toujours caché au vidame, quoique ce fût l'homme de la cour qu'il aimât le mieux ».

Rien ne discrédite un amant auprès de sa maîtresse comme l'offrande de son corps à laquelle elle consent, surmontant les impératifs de l'honneur et de la pudeur, et que lui, l'amant, affichant impudemment le trophée, s'en va claironner au mépris de sa réputation.

L'amour authentique est un savoir-vivre.

L'enseignement des vertus dispensé par Mme de Chartres dégage une certaine tolérance dont sa fille aurait pu s'inspirer pour atténuer ses scrupules et se donner à son amant, comme le conseillera Stendhal, bien trop épris de l'amour pour s'interdire d'en jouir. C'est une tolérance plus exigeante que celle de la cour, mais de même nature : acceptable sous réserve d'un secret total. Le prince de Clèves se serait même prêté à l'infidélité : « Je vous aimais jusqu'à être bien aise d'être trompé, je l'avoue à ma honte ; j'ai regretté ce faux repos dont vous m'avez tiré. Que ne me laissiez-vous dans cet aveuglement tranquille dont jouissent tant de maris ? J'eusse, peut-être, ignoré toute ma vie que vous aimiez M. de Nemours. »

Rien ne forçait Mme de Clèves à lui avouer sa passion. Elle y insiste quand, accablé d'apprendre ce qu'elle lui confie, il lui reproche d'avoir montré ses sentiments à ce rival dont il ignore encore le nom : est-il possible, s'écrie-t-elle, « que vous puissiez penser qu'il y ait quelque déguisement dans un aveu comme le mien, qu'aucune raison ne m'obligeait à vous faire ? » La transparence frôle souvent les gouffres.

En se conformant aux mœurs de la cour, la princesse aurait connu le bonheur. Elle aurait anticipé le conseil de Stendhal, et se serait même accordée à la tolérance selon Mme de Chartres. Mais se vouloir extraordinaire se paye toujours au prix fort.

Elle s'y est immolée.

Les femmes

Quand Mme de Chartres engage son héritière à se défier des hommes, elle trempe, pour les croquer, son pinceau dans le vinaigre. En revanche, excepté la duchesse de Valentinois, elle épargne les femmes. Elle les blâme de se perdre de réputation par les galanteries, mais elle fait des séducteurs les premiers responsables.

Deux poids, deux mesures : car, pour l'image négative, les femmes n'ont rien à envier aux hommes (à supposer que le roman confirme l'opinion de Mme de Chartres). Elles ont en outre le privilège d'offrir une diversité de facettes dont les hommes manquent, tous paraissant peu ou prou sortis du même moule.

En contrepoint de cette uniformité, on découvre chez elles une série de caractères taillés au burin. Mais elles partagent un trait commun : toutes sont redoutables.

Elles pèchent par les mêmes défauts que ceux dont Mme de Chartres charge les hommes : l'insincérité, l'infidélité, les tromperies.

Catherine de Médicis supporte impatiemment la passion d'Henri II pour Mme de Valentinois. Elle déplore amèrement la solitude qu'elle endure et se plaint qu'à la cour personne ne sache garder de secrets. Souhaitant s'attacher le vidame en excluant toute concurrence, elle exige qu'il lui déclare franchement s'il a une maîtresse. Entourée de haines, elle se méfie des bavardages. On ne peut se fier, lui déclare-t-elle, aux gens amoureux, ils sont incapables de tenir leur langue. Sachant qu'elle fera sa fortune s'il la sert, le vidame lui répond hardiment qu'il y a très longtemps qu'il a abandonné le désir de se faire aimer des femmes dont il pouvait « espérer de l'être, parce que je les trouvais quasi toutes indignes d'attacher un honnête homme ». Il ment, il est amoureux de Mme de Martigues après l'avoir été de Mme de Thémines, laquelle lui a écrit la lettre malencontreusement perdue. Ulcérée de son infidélité avec une femme de moindre vertu qui reste innommée, Mme de Thémines lui expliquait dans cette lettre comment, avec une rare maîtrise, elle s'était vengée et de cette femme et de lui. Là-dessus le vidame, revenu vers elle puis lassé d'être délaissé, s'est tourné vers Mme de Martigues. Aussi ment-il sans vergogne à la reine. Il est amoureux, et son mensonge lui coûtera cher. Mais ce mensonge ne prouve pas qu'il se trompe dans son jugement sur les femmes. Il y en a fort peu qui soient dignes d'attacher un honnête homme. La duplicité de Mme de Tournon, veuve faussement éplorée qui laisse croire à Sancerre qu'elle va l'épouser alors qu'elle aime secrètement Estouteville à qui elle a promis la même chose, valide, sans contestation possible, la pertinence du jugement.

Catherine de Médicis, si sévère, si digne, figure elle-même au nombre des cœurs infidèles. Rendant visite à M. de Nemours pour le conjurer de l'aider dans l'affaire de la lettre tombée de sa poche, le vidame dit à son ami : « Peut-être que cette princesse a pour moi des sentiments plus vifs qu'elle ne pense elle-même. » Et M. de Nemours renchérit : « Elle a pour vous une passion violente. »

Parlant de ce dernier à propos des idées que lui inspire la présence des maîtresses aux fêtes, il avait raison, dit la reine dauphine « en souriant, d'approuver que sa maîtresse allât au bal. Il y avait alors un si grand nombre de femmes à qui il donnait cette qualité que, si elles n'y fussent point venues, il y aurait eu peu de monde ». Ce qui confirme le charme exceptionnel du duc, mais rappelle que les femmes lui cèdent de bonne grâce : « Il n'y avait aucune dame dans la cour dont la gloire n'eût été flattée de le voir attaché à elle ; peu de celles à qui il s'était attaché se pouvaient vanter de lui avoir résisté. »

Mme de Clèves n'est pas en reste. Expliquant au duc pourquoi elle refuse de l'épouser, elle abonde dans le même sens : « Par vanité ou par goût, toutes les femmes souhaitent de vous attacher. Il y en a peu à qui vous ne plaisiez ; mon expérience me ferait croire qu'il n'y en a point à qui vous ne puissiez plaire. »

De l'inconvénient d'être incomparable : toutes les femmes vous courtisent et, à vous courtiser, vous privent de l'unique d'entre elles dont la possession hante vos rêves.

Toute mariée qu'elle soit au fils aîné d'Henri II, la reine dauphine accueille avec entrain les hommages qu'on lui rend. Le bruit ayant couru que M. de Nemours éprouvait de la passion pour elle, loin de s'en offusquer elle a secondé la rumeur, de même qu'elle gratifie de ses prévenances la passion de M. d'Anville. Charmante vigie des commérages, elle encourage l'adultère ; c'est même sa fonction principale. On dirait une diseuse de bonne aventure : elle renseigne ses jeunes amies sur les faits et gestes galants qu'on lui rapporte, colporte des anecdotes, dont celle de l'aveu dans la maison de Coulommiers, confie ce qu'elle sait aux quatre vents, sans malice. Elle est plus transparente que l'héroïne – qui apprend à masquer, non sans mal, ce qu'elle pense et ressent – parce que pour elle l'amour relève du divertissement : converser avec grâce sur des sujets badins fait partie de son métier de reine, comme une hôtesse de maison. Innocente par légèreté, affable, souriante, elle incarne le versant curial de l'amour. C'est elle qui, ingénument, en révélant à Mme de Clèves que le duc de Nemours renonce à l'espérance de coiffer la couronne d'Angleterre sous l'influence d'une passion qu'il cache à tout le monde, relance chez la princesse les sentiments qu'a suspendus l'affliction causée par la perte de sa mère. Cette personne qu'il aime sans le dire, nul doute qu'il s'agisse d'elle : comment n'être pas touchée « de reconnaissance et de tendresse » devant tant de discrétion ? « Aussi ne peut-on représenter ce qu'elle sentit, et le trouble qui s'éleva dans son âme. » La dauphine est une tentatrice de la même manière que la cour : sans le vouloir, par une pente naturelle.

Exposées aux risques, les femmes les cautionnent.

Son tempérament ne se prêtant guère à la jalousie (« jamais mari n'a été si loin d'en prendre »), et confiant en la fidélité de son épouse, le prince de Clèves sous-estime les dangers qui la menacent : « Tout ce qu'il y avait d'hommes jeunes et galants la voyaient chez elle et chez le duc de Nevers, son beau-frère. » Sous cette omniprésence du danger germe la passion amoureuse à laquelle presque toutes les femmes s'abandonnent.

Proies peut-être, mais consentantes.

Néanmoins, plus que la passion de l'amour, les femmes ont celle du pouvoir.

Aux hommes la *libido sentiendi*, le désir sensuel, à elles la *libido dominandi*, le désir de dominer (le cardinal de Lorraine fait exception : chez lui, ecclésiastique, pas de *libido sentiendi*, ce qui est normal, seulement de la *libido dominandi*, mais décuplée).

Assujetties au désir de dominer, les dames tirent les ficelles de l'amour comme de l'ambition. Si bien que la cour se caractérise par la soumission du roi, et plus généralement des hommes, à leur pouvoir.

Celui de Mme de Valentinois, d'abord, favorite dont la fierté froide repousse Catherine de Médicis dans la rumination de son ressentiment, celui de Catherine de Médicis ensuite, devenue reine-mère après la mort d'Henri II et l'avènement du nouveau roi, François II, dont « la santé était assez mauvaise », trop jeune pour détenir la réalité du sceptre, si faible, si ténu, que le roman ne le désigne jamais par son nom.

Quoiqu'elle n'ait « plus de jeunesse ni de beauté », Mme de Valentinois exerce sur son amant « un empire si absolu que l'on peut dire qu'elle était maîtresse de sa personne et de l'État ». Même si Henri II conserve les marques extérieures du pouvoir, elle accapare les fonctions habituellement réservées au monarque, droit de regard sur les alliances entre grandes maisons, nominations aux charges militaires. Comme elle le trompe et qu'il l'en soupçonne, elle attise sa jalousie, mais la jalousie « aigre et violente en tous les autres », est chez lui « douce et modérée par l'extrême respect » qu'il lui porte.

La présentation d'Henri II donne d'ailleurs le ton dès le début du récit : « Ce prince était bien fait, galant et amoureux. » La politique passe après. C'est le meilleur homme de cheval de son royaume, mais il courbe l'échine devant sa maîtresse en âge d'être sa mère et qui l'a initié aux arcanes de la volupté pour le rendre « plus vif et plus agréable ». C'est Mme de Chartres qui le dit : hommage de la vertu au vice. La passion vivifie. En échauffant les sens, elle éveille l'esprit. Mais c'est ici une volupté teintée d'inceste, en quoi la passion amoureuse dévoile un de ses traits les plus déraisonnables : elle peut, le cas échéant, gommer la différence de générations. Surtout qu'avant d'être la maîtresse du fils, Mme de Valentinois l'a été du père, François Ier. Ce mélange des temps se décèle jusque dans l'apparence qu'elle s'autorise : « de toutes les parties de plaisir », elle n'hésite pas à se montrer « avec tous les ajustements que pouvait avoir Mlle de la Marck, sa petite-fille ». Confusion des âges, subversion de l'autorité : si le roi règne, la favorite gouverne.

À la mort de son père, François II, le « petit roi », comme on l'appelait alors, monte, à quinze ans, prématurément sur le trône. « Petit roi » à tous points de vue, sauf par la taille d'après l'armure qu'il nous a laissée, un géant efflanqué à l'expression de benêt, taciturne, avec des frayeurs incompréhensibles, bouffi, un teint blafard, un nez camus qu'il ne pouvait moucher, les oreilles en permanence infectées, la bouche toujours entrouverte à l'haleine puante par les glaires qui l'obstruaient, les parties génitales constipées, telles qu'il ne put déflorer Marie Stuart qu'il aimait caresser à l'abri des regards dans le recoin des portes, et de complexion si fragile qu'une longue suppuration de l'oreille gauche, perçue par son entourage comme un déversement du cerveau, l'emporta dans le château de Blois en décembre 1560.

Avec l'avènement du petit roi François, le cardinal de Lorraine s'empare de l'esprit de la reine mère pendant que son aîné, le duc de Guise, « prend le même rang que les princes du sang à porter le manteau du roi aux cérémonies des funérailles ». Apparemment, le cardinal et ses frères, qui sont les oncles de la reine dauphine et, par ce biais, légitimes protecteurs du nouveau roi, accaparent la totalité du pouvoir. Illusion : en fait, la reine mère, stratège florentine, pense qu'elle pourra les éloigner s'ils lui font de l'ombre, alors qu'elle ne pourra éloigner le connétable de Montmorency, appuyé des princes du sang.

Pur rapport de forces, qu'elle verrouille.

Si Mme de Valentinois aurait pu être la mère d'Henri II, Catherine de Médicis l'est effectivement de François II. D'une veuve l'autre, chacune dans son genre. La première, femme de calcul et de corps, se sert de la passion qu'elle inspire à son royal amant pour diriger l'État. La seconde, femme dissimulée tout de noir vêtue, exploite à cette même fin l'inconsistance de son fils. Mais, en matière de volonté de puissance, aucune des deux ne louvoie : cynisme voluptueux ou ambition rusée, elles régentent avec un aplomb sans faiblesse.

Les dames font masse. Au-delà de leurs différences, elles constituent un ensemble compact qui, par la visibilité qu'il leur confère, représente et cimente leur domination.

Lors du tournoi offert pour le mariage de Madame, sœur du roi, « les reines et les princesses avaient toutes leurs filles magnifiquement habillées des mêmes couleurs qu'elles étaient vêtues : en sorte que l'on connaissait à qui étaient les filles par la couleur de leurs habits ». Quand les champions défendent dans la lice les couleurs de leur dame, la concurrence les pousse à se surpasser au risque de leur vie. En revanche, les femmes attestent par les habits que revêtent leurs filles leur appartenance à des groupes solidaires qui leur assurent toute la visibilité désirable.

Cette solidarité se retrouve dans la vie à la cour, ordonnée autour des cercles qu'elles composent : « Les dames avaient des attachements particuliers pour la reine, pour la reine dauphine, pour la reine de Navarre, pour Madame, sœur du roi, ou pour la duchesse de Valentinois. » Celles qui ont passé la première jeunesse sont attachées à la reine, les plus jeunes courtisent Mme la Dauphine, Madame, la sœur du roi, qui conserve de la beauté, attire

« plusieurs dames auprès d'elle » (pour autant qu'elle fréquente un cercle, c'est celui que fréquente Mme de Chartres, amie de Mme de Dampierre, dame d'honneur de Madame). Enfin la duchesse de Valentinois rassemble celles qu'elle daigne regarder.

Naturellement, la solidarité des femmes s'arrête où commencent leurs conflits personnels, et la stratification des cercles par groupes d'âge produit des jalousies implacables. La reine hait avec fureur la reine dauphine, sa belle-fille, à cause de sa plus grande jeunesse et de sa beauté, tout comme la duchesse d'Étampes haïssait Mme de Valentinois qu'elle avait précédée dans le lit de François Ier, jalousie qui la poussa, après qu'elle fut supplantée, à prétendre qu'elle « était née le jour que Diane de Poitiers avait été mariée ; [mais] la haine le lui faisait dire, et non pas la vérité ».

Après la mort d'Henri II, les cercles disparaissent. La cour change *littéralement* de face, prenant celle de Catherine de Médicis qui s'empresse de chasser l'ancienne favorite auprès de qui elle a récupéré les cachets du roi et les pierreries de la couronne qu'il lui avait confiés (le roman ne souffle mot de la magnanimité qu'en réalité elle témoigna à Diane de Poitiers, se souvenant de sa protection à l'époque où, encore infertile, une menace de répudiation pesait sur elle. Diane de Poitiers engageait même Henri à remplir consciencieusement son devoir d'époux. Plus tard – on le lit dans ses lettres –

elle veilla avec un soin tout maternel sur les enfants du couple). Après quoi, ayant évincé le connétable de Montmorency, le roi de Navarre et le prince de Condé, qui lui avaient déplu, la reine mère, libre enfin de se livrer à l'ivresse d'une entière vengeance, assouvit sa haine envers la reine dauphine, devenue reine de France, en la persécutant jusqu'à l'obliger à quitter le royaume pour l'Angleterre où sa sœur Élisabeth lui fera trancher le cou.

C'est sous son gouvernement que le destin de Mme de Clèves s'aggrave et s'accélère : l'intrusion nocturne de M. de Nemours à Coulommiers, la jalousie fatale que le prince en conçoit, la douleur de la princesse et sa culpabilité à en perdre la raison, le renoncement, puis les ultimes lueurs de sa vie. La prépotence de Catherine de Médicis, veuve vindicative, coïncide avec la victoire de l'impératif édicté par Mme de Chartres sur son lit de mort pour éviter à sa fille le sort des autres femmes, ce *Tu ne tomberas point* dont la princesse subit le commandement par une servitude volontaire où l'attirance passionnée se joint à la fuite, et l'orgueil au supplice.

Le sombre foyer du roman se situe en ce point de rencontre entre l'arbitraire politique de la reine mère, souveraine du ressentiment, et l'arbitraire psychologique du dogme érigé par la mère, gardienne de la réputation.

Sous la coupe de ce triptyque de veuves qui ordonne l'univers du roman – Mme de Valentinois, Catherine de Médicis et Mme de Chartres –, jamais les hommes n'ont voix au chapitre. Le récit relègue dans ses marges les seigneurs politiquement puissants comme les Guise et le connétable, qu'on distingue dans une espèce de brume. À aucun moment ils ne prennent la parole. Les courtisans qui s'expriment en style direct, pour l'essentiel le duc de Nemours et le prince de Clèves, s'en tiennent au domaine amoureux.

Flotte sur la cour un air de matriarcat.

Les femmes entrent en conflit non seulement au niveau des cercles mais des cabales, et aussi à l'intérieur des cabales, pour satisfaire leurs aspirations : les dames avaient « de la jalousie entre elles, ou pour la faveur, ou pour les amants ».

Toutefois, à en juger par ce que le roman met en scène, on assiste plutôt à la situation inverse : ce sont moins elles qui rivalisent, que les galants qu'elles fascinent et qui se déchirent en des combats singuliers sans scrupules ni pitié, jusqu'à la mort.

Le terrain de la passion amoureuse, duels sanglants sans une goutte de sang, a remplacé la poussière des batailles : à la gloire des guerriers s'est substituée celle des amants lorsqu'ils triomphent des femmes qu'ils courtisent – mais de ce cas le roman ne donne aucun exemple, hormis celui de M. de Nemours, qui trouve « de la gloire à s'être fait aimer d'une femme si différente de toutes celles de son sexe », gloire sans avenir, pour un panache inerte, sans plumes et sans couleurs, vain triomphe.

Chastelard aime la reine dauphine. Croyant le duc de Nemours également amoureux d'elle et lui attribuant la lettre perdue par le vidame, il « ne douta point que ce fût lui qui la faisait redemander. Il répondit, avec une maligne joie, qu'il avait remis la lettre entre les mains de la reine dauphine ». Chastelard se fourvoie dans ses présomptions, la lettre appartient au vidame et ce n'est pas Mme la dauphine qu'aime le duc. La haine jalouse l'aveugle.

De Sancerre et d'Estouteville, Mme de Tournon fait deux rivaux d'autant plus hostiles que l'objet de leur rivalité a disparu (ils n'apprennent ses tromperies qu'après son décès) : « Faites, je vous en conjure, que je ne voie jamais Estouteville », s'écrie Sancerre, qui ajoute : « Je sais bien que je n'ai nul sujet de m'en plaindre [...] Je sens bien néanmoins que je ne saurais m'empêcher de le haïr. »

Déraison des antagonismes, que ne justifie aucun motif réel. Et divagations de la passion, où les rivalités prolifèrent : éperdument amoureux, M. de Nemours « croyait que tout le monde avait les mêmes sentiments. Il était véritable aussi qu'il avait plusieurs rivaux ; mais il s'en imaginait encore davantage, et son esprit s'égarait à trouver celui dont Mme de Clèves voulait parler ».

Il vole le portrait qui appartient au prince, « qu'il croyait tendrement aimé ». D'où lui vient cette conviction, fondée sur quels indices ? Cécité de la rivalité, qui voit ce qu'elle s'invente.

De même, à Coulommiers, caché dans le cabinet qui donne sur le jardin de fleurs, tandis que M. et Mme de Clèves sont assis sous le pavillon – scène de l'aveu –, il ne peut résister à la curiosité d'écouter la conversation de la princesse « avec un mari qui lui donnait plus de jalousie qu'aucun de ses rivaux » : les seuls rivaux nommément cités qu'il aurait pu se connaître s'il leur avait prêté attention, ce sont le chevalier de Guise et le maréchal de Saint-André. Mais captif de sa passion, il darde son regard exclusivement sur la divinité qui l'absorbe, sur les sentiments qu'il lui attribue et sur le rival qu'il se crée. Puis, retors, se saisissant des soupçons de Mme de Clèves envers son mari à propos de l'aveu dont il a lui-même trahi le secret, il « fut bien aise de les lui confirmer. Il savait que c'était le plus redoutable rival qu'il eût à détruire ». Rivalité sans merci, registre de la mise à mort.

L'amitié n'empêche rien, elle sert de passerelle : le duc, ami du prince, sous couvert de lui rendre visite, rend visite à sa femme. Ou se fait cyniquement conduire par lui dans la chambre de la princesse sous le prétexte de servir les intérêts de son oncle le vidame. Les rivalités, immorales, n'ont que faire de l'amitié, qui s'évanouit dès que l'amour survient.

Avant qu'il n'épouse Mlle de Chartres, M. de Clèves était ami du chevalier de Guise, mais « l'éloignement que donnent les mêmes prétentions ne leur avait pas permis de s'expliquer ensemble ; et leur amitié s'était refroidie sans qu'ils eussent eu la force de s'éclaircir ».

Proies de la fascination qu'exercent sur eux les dames, chacun des hommes se condense en un corpuscule refermé sur lui-même, sans ouvertures sinon deux yeux avides, l'un pour convoiter sa maîtresse, l'autre pour épier ses rivaux, réels ou qu'il se crée.

Dans la cour du roman, à l'horizon des femmes il n'y a que des femmes : c'est dans la réciprocité qu'elles se jugent, à l'aune de leurs ressemblances qu'elles se jaugent. Dans sa lettre au vidame, Mme de Thémines explique qu'elle a feint de s'éloigner de lui pour le ramener vers elle, mais elle visait d'abord à mystifier celle qui l'avait supplantée : « Je ne voulus pas qu'elle eût le plaisir d'apprendre que je savais qu'elle triomphait de moi, ni augmenter son triomphe par mon désespoir et mes reproches. » Plus encore que l'infidélité de l'amant, c'est la victoire de la rivale qui coûte.

Mme de Clèves n'a pas le goût de la rivalité. Elle partage sans jalousie la faveur de la reine dauphine avec Mme de Martigues, passant des soirs à Coulommiers avec celle-ci, sous le pavillon, à se parler. Elles sont « amies sans néanmoins se confier leurs sentiments », mais la « liberté de se trouver seules, la nuit, dans le plus beau lieu du monde, ne laissait pas finir la conversation entre deux jeunes personnes qui avaient des passions violentes dans le cœur » (à la cour, même l'amitié bannit les confidences, on sauvegarde le peu de liberté qu'on possède : l'autre est toujours un autre).

Lisant la lettre de Mme de Thémines qu'elle croit destinée au duc de Nemours avant que ce dernier, sollicité par le vidame, ne vienne chez elle pour la détromper, la princesse trouve à l'auteur « plus de courage qu'elle ne s'en trouvait à elle-même et elle enviait la force qu'elle avait eue de cacher ses sentiments à M. de Nemours » : en cette inconnue elle distingue un modèle, pas une rivale, encore moins une ennemie. Mieux, n'enviant pas la personne mais sa force, elle fait passer l'amant derrière la découverte de sa propre faiblesse. Il est vrai que la jalousie causée par la lecture de la lettre « avec toutes les horreurs dont elle peut être accompagnée » exerce aussitôt ses ravages, et qu'elle influera largement sur le refus final. Mais le souvenir de la force érigée en modèle aura également son effet. C'est Mme de Clèves qui, de son propre chef, décidera du refus, tout comme Mme de Thémines a, par sa manœuvre, décidé de sa relation avec le vidame, et comme Catherine de Médicis, par rancune, perdra ce dernier lors de la conjuration d'Amboise, complot contre François II où il va tremper.

L'avènement d'Henri II a renversé l'ordre des autorités. Avec lui, l'image paternelle du souverain se dégrade. Même s'il l'est moins que François II, trop tôt monté, par accident, sur le trône, Henri II est un roi de substitution : son frère aîné qui, raconte Mme de Chartres, « mourut à Tournon, et que l'on crut empoisonné », aurait dû régner à sa place.

Avec François Ier, les femmes subissaient l'échange : ce roi « n'ayant pas une fidélité exacte pour ses maîtresses, il y en avait toujours une qui avait le titre et les honneurs ; mais les dames que l'on appelait de la petite bande le partageaient tour à tour ». François Ier jouit de tous les privilèges réservés au détenteur du pouvoir : choix des favorites, primauté du discours, distribution des honneurs, des faveurs et des biens. Il tient solidement le sceptre entre ses mains. Il désire, il désigne, il prend. En choisissant, il distingue entre les rivales, établit des hiérarchies successives et fonde les préséances. C'est le maître.

Avec son fils Henri II, tout bascule : l'agent qui contrôlait les échanges n'est plus le roi mais sa maîtresse, qui récupère l'infidélité et la distribution des faveurs : « Elle fit si bien que le comte de Taix fut disgracié ; on lui ôta sa charge ; et, ce qui est presque incroyable, elle la fit donner au comte de Brissac et l'a fait ensuite maréchal de France. »

Alors que, sous François Ier, les femmes rivalisaient pour l'obtention d'un privilège décerné en pleine souveraineté par le roi, sous Henri II ce sont les hommes qui rivalisent pour l'octroi de préférences séduisantes par la rigueur qui en exacerbe le désir comme par l'ineffable des douceurs qu'elles promettent.

L'agencement des alliances conjugales révèle toute la portée de cette réalité nouvelle : le mariage de Mlle de Chartres dépend de sa mère et, en dernière instance, de Mme de Valentinois, qui « était ennemie du vidame, et cette raison était suffisante pour empêcher le duc de Nevers de consentir que son fils pensât à sa nièce ». Le cardinal de Lorraine ni le connétable de Montmorency ne sont complètement absents : acteurs majeurs dans les luttes de pouvoir, ils interviennent dans les tractations matrimoniales. Mais, encore une fois, le roman ne les mentionne que du bout de la plume. Dans l'affaire de Mme de Tournon, le mariage manqué de Sancerre relève de la seule volonté de l'intéressée. Estouteville, depuis six mois amoureux d'elle, lui apprend avoir toujours voulu le lui dire, « mais elle le lui avait défendu expressément et avec tant d'autorité qu'il n'avait osé lui désobéir ». Mieux : voulant que son union avec Estouteville paraisse « un effet de devoir et d'obéissance » après avoir longtemps repoussé l'idée de se remarier, elle gagne « son père pour se faire commander de l'épouser » : veuve hypocrite, fille roublarde, Mme de Tournon se joue insolemment des hommes qu'elle subjugue.

Idoles armées de la vénération qu'elles inspirent, les dames se montrent finalement moins maîtresses que maîtresses femmes.

Aucun de leurs amants ne résiste à leurs volontés : soit, comme le vidame de Chartres avec la reine, ils les abusent, en ce cas elles se vengent ; soit, comme le vidame avec Mme de Thémines, ils les trompent, en ce cas elles les quittent ; soit, comme Estouteville et Sancerre avec Mme de Tournon, ils les idolâtrent, en ce cas elles les manipulent ; soit, comme M. d'Anville avec la Dauphine, ils les adulent, en ce cas elles les utilisent ; soit, comme le prince de Clèves avec son épouse, ils les aiment sans en être aimés, en ce cas elles en aiment un autre ; soit, comme Madame, sœur du roi, avec le duc de Savoie, elles les aiment, en ce cas elles les épousent ; soit, comme M. de Nemours avec Mme de Clèves, ils souhaitent les épouser, en ce cas elles les rejettent.

Dans ces conditions, s'il apparaît qu'au niveau individuel les hommes échangent les femmes tout autant qu'elles les échangent, au niveau général ce sont les femmes qui, tranchant en sultanes le sort des passions, font bon marché des hommes, au sens littéral : elles les remettent dans le circuit des échanges – dans le commerce de galanterie.

L'obstination que met M. de Nemours à résister devant le refus de Mme de Clèves s'explique par ses espoirs de félicité perdus, mais doit aussi s'interpréter sous cet angle. Lors de leur entretien final dans l'appartement du vidame, où, seuls en tête-à-tête pour la première fois, elle lui avoue qu'elle l'aime avant de refuser le mariage qu'il lui propose, elle lui tient un curieux discours, en forme d'impasse, qui le prive de toute liberté et le renvoie d'où il vient.

Le duc se plaint qu'au fond elle ne l'a « jamais distingué » du reste des hommes. « Les raisons de mon devoir, lui répond-elle, ne me paraîtraient peut-être pas si fortes sans cette distinction dont vous vous doutez, et c'est elle qui me fait envisager des malheurs à m'attacher à vous. » Mais s'il n'était pas différent, elle ne l'aimerait pas. Sans cette distinction qu'elle admire et déplore, la question de son bonheur ni de son malheur ne se poserait, et elle n'aurait pas plus de raison d'épouser M. de Nemours qu'elle n'en avait, en dehors des contraintes sociales, d'épouser M. de Clèves.

Ce n'est pas tout : elle aime le duc parce qu'il est différent du reste des hommes, donc plus aimable, d'où elle conclut que, s'il l'épouse, étant aimé des femmes, il en aimera d'autres. Mais qu'il soit toujours aimé des femmes n'implique nullement qu'il doive toujours les aimer. Aussi a-t-elle besoin de renforcer son raisonnement par cette conviction aux allures de sentence : « Rien ne me peut empêcher de connaître que vous êtes né avec toutes les dispositions pour la galanterie et toutes les qualités qui lui sont propres à y donner des succès heureux. Vous avez déjà eu plusieurs passions, vous en auriez encore. » Reprenant implicitement les insinuations de Mme de Chartres sur le plaisir que le duc tire du commerce des femmes et sur l'inconstance qui en résulte, elle l'emprisonne dans la nature qu'elle lui présuppose. « Vous êtes né » : inexorable assignation.

D'autre part, en prévoyant qu'ayant été souvent amoureux il le serait nécessairement après leur mariage, non seulement elle le rejette à titre personnel, mais elle le remet en circulation parmi les dames. Elle l'élève au-dessus des autres hommes et, simultanément, elle le vide de ses qualités intrinsèques, le figeant dans une définition *a priori* d'amant invétéré et, par conséquent, d'objet prédestiné de la convoitise féminine avec son cortège de rivalités, dont, pour éviter d'en souffrir, elle se délivre d'un même mouvement. En le sacrifiant, elle l'échange contre son repos.

Résolution d'une cruauté abrupte, car sans appel. « Je ne m'attendais pas, regrette-t-il, à trouver une si cruelle raison. » Elle lui confesse qu'elle l'aime, elle l'exalte par la pensée d'un bonheur idyllique qu'elle anéantit aussitôt en récusant ses assurances, le renvoyant à l'agitation de la cour parmi les galants infidèles et les femmes sans morale. D'où cette précision qu'elle lui assène : « Je ne sais même si je ne le vous dis point plus pour l'amour de moi que pour l'amour de vous. »

M. de Nemours argumente pied à pied. Dans l'instant où elle lui déclare un amour si ardent que, s'il cessait de l'aimer, ce serait pour elle un « horrible malheur », elle reconnaît qu'elle s'aime plus qu'elle ne l'aime. Il ne comprend rien à ces arguments qui le nient. Il s'insurge contre l'injustice d'un traitement qui le rabaisse à ses succès passés.

Après leur entretien, il s'obstine à la convaincre de sa fidélité future. Son obstination traduit une révolte contre la réduction au statut d'objet qu'elle lui inflige, une revendication de sa valeur propre, donc irremplaçable, au sein d'un monde soumis aux pouvoirs féminins. Qu'en définitive, « des années entières s'étant passées » et après avoir tenté « tout ce qu'il put imaginer de capable de la faire changer de dessein », il renonce à sa passion sans espoir, ne démontre pas sa futilité (il fait preuve au contraire d'une rare constance), mais témoigne de l'incapacité des hommes à renverser la domination des femmes.

On sait que Denis de Rougemont a vu dans *La Princesse de Clèves* la dernière flamme, « mince et pure », du mythe de Tristan et Yseut : l'amour se déploie hors des liens conjugaux, puisqu'en son essence la violence du désir réside dans ses obstacles. Cette élégante lecture a pour tort de négliger la spécificité du roman.

Dans la tradition courtoise un obstacle barre l'hymen pour sauver la passion. Dans la tradition galante du XVIIe siècle, le mariage la réalise mais pour mieux l'évacuer. Dans un cas la passion se perpétue dans l'échec, dans l'autre elle disparaît dans l'union. Dans les deux cas, la passion amoureuse occupe toute la place.

Le roman va plus loin.

D'inspiration courtoise, tel est bien l'argument que Mme de Clèves oppose à M. de Nemours après qu'elle lui a avoué ses sentiments. Assurée que les obstacles lui ont seuls conservé l'indéfectible attachement dont il se targue, elle récuse l'éphémère de l'amour conjugal qu'il prétend garantir. M. de Clèves était peut-être, précise-t-elle, le seul homme au monde capable de conserver de l'amour au sein du mariage. Encore n'est-ce pas sûr. Il lui est loisible de le penser, puisqu'il est mort. Elle se réfugie dans cet argument qui conforte son goût du repos. Mais, si libre qu'elle paraisse, et si extraordinaire qu'elle soit, sa décision dépasse son destin personnel. Par le renoncement qu'elle impose et sur lequel elle ne reviendra pas, Mme de Clèves agit à la ressemblance des femmes de la cour, ni plus ni moins.

Le mari et l'amant

À maîtresses vénérées, amants timides.

C'est d'ailleurs à la timidité que se reconnaît l'amour authentique.

Pour preuve, le duc de Nemours.

Rendant visite à la princesse après son retour de la campagne où elle s'est longuement retirée après la mort de sa mère, et alors que, en raison de la chaleur, elle est assise sur son lit et que la visite achève de la faire rougir, augmentant encore sa beauté, il s'assied « vis-à-vis d'elle, avec cette crainte et cette timidité que donnent les véritables passions. Il demeura quelque temps sans pouvoir parler ». Elle n'est pas moins interdite ; ils se taisent assez longtemps, intimidés et amoureux tous deux, à la mesure de leur silence – pareillement.

Le roman dément Mme de Chartres dans sa vision catastrophique des hommes : il ne fournit aucun exemple de renard aux paroles de velours en chasse dans un poulailler de femmes abusées puis trahies. C'est tout le contraire : on ne voit que des amants discrets par déférence, écrasés par le poids de leur passion, et qui s'adressent à leurs dames d'un ton soumis, tremblants de les offusquer.

Quand le chevalier de Guise surprend la pitié de la princesse peinte sur son visage vers lequel se lève le regard de M. de Nemours, la tête jusqu'alors penchée dans l'éblouissement du choc causé par la secousse de son cheval contre un des piliers du manège tandis qu'il travaillait, en prévision du tournoi, à la lice avec Henri II, et que le chevalier comprend, à son grand désespoir, que si elle aime un homme ce n'est pas lui mais le duc, s'excusant de l'aborder, il lui dit : « Pardonnez-moi si je sors de ce profond respect que j'ai toujours eu pour vous, et si je vous fais paraître la vive douleur que je sens de ce que je viens de voir : c'est la première fois que j'ai été assez hardi pour vous parler et ce sera aussi la dernière. » Discours dont la préciosité aux ambages délicats procède de la politesse qu'exige la prééminence des dames, cette prééminence qui, transformant les hommes de bretteurs impudents en courtisans raffinés, les entraîne, avec l'adoucissement des mœurs, vers la féminité d'actes et de manières que dénotent leurs conduites passionnées.

Le roman exclut intégralement de sa scène les bravaches, les galants présomptueux, les aventuriers bottés de suffisance, tous ces « autres » qu'emporte « la jalousie aigre et violente » sur laquelle tranche, « douce et modérée », celle du roi, ou les maris qui en viennent, dit M. de Clèves mourant de jalousie, « à un éclat et à des violences si opposées à mon humeur et à la passion que j'avais pour vous ».

Pas de fiers à bras qui montent à l'assaut crûment, assurés de leur bonne fortune avant même de livrer le combat, dans ces relations que civilise le sourcil aisément froncé des dames, à l'image de Mme de Clèves qui, heurtée par le discours du chevalier de Guise malgré son extrême respect, aurait, dans d'autres circonstances, « été offensée qu'il lui eût parlé des sentiments qu'il avait pour elle ».

À Coulommiers, ayant franchi de nuit les palissades qui protègent la maison où Mme de Clèves s'est réfugiée pour le fuir, l'y retrouvant pourtant, mais en peinture, représenté sur le tableau du siège de Metz parmi les seigneurs auréolés de leur victoire (un siège d'une renommée éclatante où le duc de Guise, excitant sans relâche le courage des habitants affamés, força l'armée de Charles-Quint aux troupes innombrables à lever le camp durant l'hiver 1552), M. de Nemours, caché dans le jardin, décide d'entrer, mis hors de lui-même par le spectacle de la princesse seule à l'intérieur de la maison, les cheveux confusément noués sur sa gorge nue dans la chaleur de la nuit d'été, debout face au tableau, un flambeau à la main, perdue dans la contemplation de son portrait : mais alors, « quel trouble n'eut-il point ! Quelle crainte de lui déplaire ! Quelle peur de faire changer ce visage où il y avait tant de douceur et de le voir devenir plein de sévérité et de colère ! » Sa hardiesse lui paraît « extravagante », il perd courage. Puis, se reprenant, il avance de quelques pas, mais « avec tant de trouble qu'une écharpe qu'il avait s'embarrassa dans la fenêtre, en sorte qu'il fit du bruit ». Mme de Clèves se retourne, pense le reconnaître et, sans hésiter un instant, rejoint l'endroit où se trouvent ses femmes.

Le lendemain, dans l'attente de la nuit où il compte à nouveau franchir les palissades, bouleversé par le spectacle de cette femme follement désirée qui l'adore dans une pâmoison clandestine dont nul autre que lui ne peut s'enorgueillir, mais consterné par la constance de la fuite qu'elle lui oppose, il va s'abandonner « aux transports de son amour » sous des saules près d'une petite rivière, « et son cœur en fut tellement pressé qu'il fut contraint de laisser couler quelques larmes ».

On est loin de la réalité du siège de Metz.

Revers de la médaille dans cette société construite sur les conquêtes militaires où, avec la paix, les costumes magnifiques prennent la place des armures, les cannes des Indes celle des épées et les larmes celle des lames, les idoles impressionnent les guerriers au point de les amollir.

Contraint, après la mort de M. de Clèves, de s'effacer pour laisser à la princesse le temps d'affaiblir la douleur d'un deuil dont la longueur s'éternise, M. de Nemours se reproche sa patience. Qu'attend-il, maintenant qu'elle est libre : « Est-il possible que l'amour m'ait si absolument ôté la raison et la hardiesse et qu'il m'ait rendu si différent de ce que j'ai été dans les autres passions de ma vie ? »

L'audace de l'homme de guerre cède aux émois de l'homme d'amour.

Affleure, sous les réactions de l'amant, l'image de la femme.

Pas la dame du roman, divinisée, mais l'épouse que la tradition soumet à la puissance maritale.

Les statuts respectifs des hommes et des femmes fixés par le mariage se situent à l'envers de ceux qui régissent la passion amoureuse. À l'inégalité juridique propre aux rapports entre conjoints, où l'époux a autorité sur l'épouse, répond l'égalité entre amants, où la personne aimée (dans le roman, toujours la femme) a tout pouvoir sur l'être qui l'aime.

C'est une des règles de la littérature galante.

Apprenant qu'en son absence M. de Nemours a rendu visite à la princesse M. de Clèves, rentré chez lui précipitamment, demande à celle-ci qui elle a vu. Comme elle ne nomme pas le duc, s'étant fait excuser sous prétexte de se trouver mal, le prince lui répond en substance qu'elle a vu tout le monde sauf M. de Nemours, qu'il ne lui est donc pas comme un autre, qu'elle craint sa vue et craint de le lui montrer, avant de demander : « Pourquoi lui faites-vous connaître que vous vous servez du pouvoir que sa passion vous donne sur lui ? »

L'époux dispose d'un pouvoir différent, fondé non sur la passion, mais sur l'institution.

Quand le prince juge indispensable que, de Coulommiers, Mme de Clèves revienne à Paris pour recevoir et rendre le nombre infini de visites que requiert sa condition, elle obéit sans murmure.

Ailleurs, il précise les droits théoriques du mari trompé : séparation, éclat et violences, bien qu'à la cour, il le sait, « la considération d'un mari n'empêche pas qu'on soit amoureux de sa femme ». Inversement, Mme de Clèves, qui croit les maux de la jalousie « infaillibles dans un mariage », peut déclarer au duc de Nemours lors de leur entretien final : « On fait des reproches à un amant ; mais en fait-on à un mari, quand on n'a qu'à lui reprocher de n'avoir plus d'amour ? »

La timidité des amants reproduit la modestie supposée des épouses, tandis que la domination des maîtresses, par un juste retour des choses, répond à l'autorité avérée des maris.

La coutume, à l'époque, voulait que la liberté des plaisirs charnels appartienne à la sexualité extraconjugale, les contraintes de la décence à la sexualité conjugale. Les conjoints qui copulent en plein jour choquent la pudeur. L'Église les surveille, relayée par les convenances : ils doivent réserver à la nuit leurs étreintes, et de préférence brèves. Pour eux, le lit ne sert qu'à dormir, et à engendrer tous feux éteints sous les couvertures. Dans les amours adultères, Cupidon remplace l'évêque : les amants font voler les courtepointes pour s'enivrer de caresses à la lumière du soleil ou, la nuit, à la clarté complice des bougies. Les conjoints copulent emmaillotés, les amants ne conservent de leurs linges que ce qui fouette le désir.

Le prince se conforme à ce clivage : sa passion, dit-il à Mme de Clèves, a été au-delà de ce qu'elle en a vu : « Je vous en ai caché la plus grande partie, par la crainte de vous importuner, ou de perdre quelque chose de votre estime par des manières qui ne convenaient pas à un mari. » La crainte d'importuner participe des règles de l'amant, la retenue dans les manières relève des devoirs des conjoints.

Il est naturel que le temps des passions fluctue au gré des tempéraments personnels, tandis qu'au sein des mariages la mort détermine la durée des sentiments, quels qu'ils soient. Variations libres selon les individus, contre stabilité du lien conjugal. Henri II aime éperdument depuis plus de vingt ans Mme de Valentinois, Henri VIII épouse Anne de Boulen après neuf ans de passion. À Sancerre qui s'inquiète de l'éloignement de Mme de Tournon, M. de Clèves répond que, quand la passion de sa maîtresse « diminuerait après avoir duré deux ans, il ne faudrait pas s'en étonner ».

L'amant et l'époux subissent différemment les infidélités : convaincu que sa femme s'est donnée à M. de Nemours, le prince ressent « en même temps la douleur que cause l'infidélité d'une maîtresse et la honte d'être trompé par une épouse ». La douleur appartient au domaine privé, la honte au regard public.

Cette même distinction opère à l'occasion du vol par le duc du petit portrait de Mme de Clèves que le peintre a sorti de sa boîte pour effectuer, à la demande de cette dernière, une légère retouche à la coiffure. Après qu'on a constaté le vol, M. de Clèves note en souriant, par plaisanterie, que seul un amant a pu dérober le portrait en laissant la boîte. À l'amant l'image qu'on emporte avec soi, qu'on presse peut-être contre son cœur, au mari l'image avec la boîte qui la contient, riche des dorures et pierreries où s'exprime sa magnificence.

Certaine raideur conjugale, dont rend compte la boîte, diffère de la docilité tactile des rubans que Mme de Clèves puise dans une corbeille et qu'elle enroule, à Coulommiers, autour de la canne des Indes que M. de Nemours a portée quelque temps et donnée à sa sœur, Mme de Mercœur, « à qui Mme de Clèves l'avait prise sans faire semblant de la reconnaître pour avoir été à M. de Nemours ». Si la boîte du portrait en appelle de l'artifice des richesses qui la parent, ce qui dépend de la passion se réfère à la nature : jardins, forêts où l'amant s'égare, saules, rivière, étang dont la reine, quittant la main de ses écuyers, fait le tour pour confier sa peine au vidame, ouvrages de soie que réalise l'homme chez qui Mme de Clèves, vers la fin du roman, se rend pour en faire de semblables.

Elle apprend alors qu'un seigneur a pris là une chambre pour regarder les jardins et la façade de l'appartement où donnent les fenêtres de cette chambre. C'est l'appartement où elle vit, à Paris, en son veuvage. Ce seigneur ne se contente pas de regarder les jardins et la façade, il les dessine. Elle comprend aussitôt qu'il s'agit de M. de Nemours. Quittant « le triste repos qu'elle commençait à sentir, elle se sentit inquiète et agitée », comme si elle savait qu'entre les saules, les jardins, les rubans et la soie, c'est l'authenticité de l'amour même que M. de Nemours dessinait.

Le bonheur conjugal

La ligne de partage semble d'une netteté parfaite : aux amants la passion, affaire de cœur, aux maris l'estime et l'amitié, affaire de raison.

À Blois où, nomade, se trouve provisoirement la cour, le prince tombe malade après avoir appris, ou plutôt cru apprendre, l'infidélité effective de Mme de Clèves. Elle, retirée à Coulommiers, le rejoint en hâte sans connaître la cause de son mal. M. de Nemours, rejoignant la cour à Blois après l'aventure des palissades, se rend tous les jours chez le prince sous prétexte de prendre de ses nouvelles, en réalité pour la voir. En vain : affligée de l'état de son mari, elle ne sort pas de sa chambre. Le duc s'en désole : « Il jugeait aisément combien cette affliction renouvelait l'amitié qu'elle avait pour M. de Clèves, et combien cette amitié faisait une diversion dangereuse à la passion qu'elle avait dans le cœur. »

Elle allègue le même sentiment pour justifier son aveu au prince : songez, lui dit-elle, « que pour faire ce que je fais, il faut avoir plus d'amitié et plus d'estime pour un mari que l'on en a jamais eu ». Propos consolatoires d'une efficacité limitée, qui, d'un seul mouvement, apaisent et ravagent l'amour-propre. S'ensuit le paradoxe de cette plainte, prononcée par M. de Clèves accablé et admiratif devant une telle franchise : « Vous me rendez malheureux par la plus grande marque de fidélité que jamais une femme ait donnée à son mari. » En foi de quoi, il lui promet de ne pas abuser de son aveu.

M. de Clèves est un honnête homme. Il représente le courtisan-type, accoutumé à soigner son éclat, mais sans traits saillants. « Bien fait » et « digne de soutenir la gloire de son nom », « brave et magnifique », d'une civilité, d'une politesse irréprochables, entièrement soumis aux ordres de son roi, attentif, en véritable ami, au désespoir de Sancerre mais soucieux de raison garder, dénué de jalousie par nature, tolérant, croit-il, envers une éventuelle infidélité de sa maîtresse et même de sa femme (c'est ce qu'il affirme à Sancerre), remarquable par « une prudence qui ne se trouve guère avec la jeunesse » – Mme de Chartres appréciant chez lui, avec de la grandeur, « tant de sagesse pour son âge » – jeune homme sans romanesque, sans caractère trempé, mais assez néanmoins pour se rebeller contre le duc de Nevers, son père, quand celui-ci, certain de son obéissance, lui interdit d'épouser Mlle de Chartres. Tel apparaît le prince de Clèves au fil du récit après le portrait succinct qu'en dresse l'auteur au début, lors de la présentation des grands seigneurs – parmi lesquels lui, le prince, ainsi valorisé en dépit de sa relative platitude – qui « étaient en des manières différentes, l'ornement et l'admiration de leur siècle » (l'auteur : la personne anonyme cachée sous le pronom personnel qui présente lesdits seigneurs, « ceux que je vais nommer », ce « je » des mémorialistes dont l'unique occurrence s'efface, ensuite, devant la neutralité impersonnelle d'un « on » surgi de-ci de-là, consacrant l'autonomie de la fiction par rapport aux événements historiques où elle s'insère).

M. de Clèves souffre d'une faiblesse congénitale qui explique son manque de relief : second des trois fils du duc de Nevers, il n'est pas le chef de sa maison. À la mort du père, c'est l'aîné, le comte d'Eu, qui, recevant le titre du chef de maison, deviendra le nouveau duc de Nevers. Prince de Clèves il était, prince il restera. Enchaîné au boulet de sa place dans la fratrie, il n'a aucune chance de plaire à Mlle de Chartres, et moins encore, après l'avoir épousée, de l'emporter sur son rival.

De cette faiblesse découle le peu d'appétence qu'elle ressent pour sa personne. La perfection dans l'ordre esthétique, qui la caractérise, doit nécessairement concorder avec la perfection dans l'ordre social. Ce qui se produit avec M. de Nemours : « Se voyant souvent, et se voyant l'un et l'autre ce qu'il y avait de plus parfait à la cour », ils se plaisent infiniment. Idée reprise après la disparition de M. de Clèves, quand plus aucun obstacle ne se dresse, et qu'elle voit dans le duc « un homme d'une qualité élevée et convenable à la sienne ». Si à ces deux perfections s'ajoutait une commune perfection dans l'ordre sentimental, ou du moins une perfection reconnue par Mme de Clèves, celle-ci épouserait M. de Nemours, le conte du début s'accomplirait, et Mme de Lafayette n'aurait pas écrit son roman.

Le prince a conscience lui-même de son insuffisance : tout en souhaitant ardemment épouser la jeune héritière, « il craignait que l'orgueil de Mme de Chartres ne fût blessé de donner sa fille à un homme qui n'était pas l'aîné de sa maison ». Certes, la grandeur de cette maison ne peut se discuter, d'autant que le comte d'Eu vient d'épouser une personne proche de la famille royale. Et Mme de Chartres, après que le prince a donné des marques publiques de sa passion, n'émet pas d'objection au projet : elle s'empresse même de l'accepter tout en soulignant auprès de sa fille la gratitude qu'elle doit en avoir, puisque, sous la pression de Mme de Valentinois, aucun parti n'osait plus se présenter. Mais le ver est dans le fruit. Malgré sa grandeur, le prince de Clèves ne dispose pas de l'éclat nécessaire au succès de son rêve : il aura le mariage, pas l'amour.

Voilà le schéma. À ceci près qu'il se brouille. Les qualités d'honnête homme doublées d'une passion ardente altèrent le clivage institué par les conventions. Mari jaloux, le prince se comporte en amant respectueux, tandis que Mme de Clèves, émue par ses manières toutes d'obligeance, de tact et de douceur, et, en outre, reconnaissante qu'il l'ait épousée quand plus personne ne voulait d'elle, réagit en maîtresse : avec une entière confiance. Peu à peu la passion sous ses différentes formes, soit brûlante comme celle du prince, soit convertie en affection confiante comme celle de Mme de Clèves, contamine l'union conjugale. Elle finit même par l'envahir. C'est pourquoi le roman va plus loin que la dernière flamme du mythe de Tristan et Yseut. Au lieu de se borner à mettre en scène la passion et ce qui l'entrave, il s'intéresse à son rôle au sein du mariage, cette issue profane que la mystique de l'amour courtois chasse de son horizon.

Affaire d'époque : quand Mme de Lafayette écrit *La Princesse de Clèves*, le mariage suscite une curiosité nouvelle dans les milieux éclairés, où les femmes revendiquent le droit d'être, à l'égal des hommes, éduquées, cultivées, et même savantes. Rejetant le statut mineur où la tradition prétend les confiner, elles briguent une parité dont les Précieuses, parmi lesquelles Mme de Lafayette figure au premier rang, se font les chantres zélés. Au XVIIe siècle, dans l'aristocratie, les femmes conquièrent une visibilité qu'illustre le brillant de leurs salons. Elles pèsent sur les mœurs. La sexualité au sein du mariage les préoccupe, qu'elles en réclament l'épanouissement ou qu'elles la méprisent. Et dans leur sillage, c'est toute la société qui s'interroge.

La Princesse de Clèves se tient à la proue de ces interrogations. Le prince aurait pu légitimement se comporter en amant et Mme de Clèves en maîtresse si leur accord s'était établi sur une parfaite égalité des devoirs et des droits.

Mais l'hypothèse est à bannir : la place du prince dans la fratrie cristallise l'impossible. Dans la cour du roman comme dans celle de Louis XIV, le mariage est inégalitaire, à l'instar des relations verticales entre aînés et cadets, pères et fils, mères et filles. Les structures d'alliance et de parenté empêchent que la passion se combine à l'union conjugale. Par leur caractère inégalitaire, les relations verticales se chargent d'une agressivité incompatible avec l'harmonie d'un mariage. François Ier se heurte brutalement à son fils Henri, dont, soit jalousie, soit autre motif, il combat la passion pour Diane de Poitiers sans que son fils cède à sa colère. Entre ses deux fils, « le rang d'aîné qu'avait le Dauphin, et la faveur du roi qu'avait le duc d'Orléans » provoquent une « émulation » commencée dès l'enfance et qui va « jusqu'à la haine ». Les frères aînés du chevalier de Guise s'opposent catégoriquement à son intention d'épouser Mlle de Chartres. Le duc de Nevers oppose un veto frontal à son fils, qui se rebelle.

Cependant, une nouveauté pointe. Confrontée au carcan des structures que matérialise le respect des bienséances, ces règles étroitement formelles, l'union du prince et de Mme de Clèves présente un profil inattendu. Dépassant la partition traditionnelle entre mari et femme, elle tend à l'égalité propre aux relations horizontales entre frères et sœurs, personnifiées par le duc de Nemours et Mme de Mercœur, et, accessoirement, entre beaux-frères et belles-sœurs.

Mme de Mercœur possède une maison près de Coulommiers. Le duc propose au vidame d'aller chez elle dans l'espérance de voir Mme de Clèves : « Mme de Mercœur les reçut avec beaucoup de joie et ne pensa qu'à les divertir. » Relation sans nuages, purement positive. De même Madame, sœur du roi, « était dans une grande considération par le crédit qu'elle avait sur le roi, son frère, et ce crédit était si grand que le roi, en faisant la paix, consentait à rendre le Piémont pour lui faire épouser le duc de Savoie ». L'harmonie règne entre frères et sœurs : c'est le régime de l'amitié, sans hiérarchie.

Elle règne aussi entre beau-frère et belle-sœur, à l'image du vidame et de Mme de Chartres qu'il accueille, ainsi que sa fille, lorsqu'elles arrivent à la cour, et dont il défend les intérêts (à leur préjudice, malheureusement).

L'union du prince et de Mme de Clèves n'atteint pas l'égalité, mais elle y tend.

L'aveu le confirme, et même davantage : le public de l'époque, stimulé par le *Mercure galant*, s'est rué sur le caractère vraisemblable, ou non, d'une femme avouant à son mari qu'elle en aime un autre. Par son aveu, Mme de Clèves transgresse la frontière qui sépare la logique des amants et celle des conjoints, l'univers de l'amour, où l'on se confie ses secrets, et celui de l'amitié, où on les tait.

Écrivant à sa proche amie la duchesse de Mazarin, Saint-Évremond, contemporain de Mme de Lafayette, approuve l'usage de confidents au théâtre, « car une passion, dont on ne fait aucune confidence à personne, produit plus souvent une contrainte fâcheuse pour l'esprit, qu'une volupté agréable pour les sens ». Aux yeux de Saint-Évremond, l'amitié jouit d'un privilège insigne : sans elle, qui permet la sûreté d'une libre parole, la société serait insupportable ; chacun étoufferait sous les masques.

Cette conception de l'amitié n'est pas celle du roman, où les amis se cachent leurs pensées secrètes. Le roman réserve ce privilège à l'amour. Aussi l'aveu de Mme de Clèves ne relève-t-il pas de l'amitié entre les courtisans, mais de l'amour qui unit les amants.

La reine dauphine en témoigne. Reprochant à la princesse d'avoir donné à M. de Clèves la lettre perdue par le vidame, elle l'admoneste : « Il n'y a que vous au monde qui fasse confidence à son mari de toutes les choses qu'elle sait. »

Au fil du roman, la distance entre Mme de Clèves et le prince s'estompe jusqu'à s'effacer. La tendresse, moyen terme entre l'amitié conjugale et la passion amoureuse, ne cesse, chez elle, de gagner du terrain. L'ayant piégée pour connaître le nom de son rival, M. de Clèves s'en excuse, l'assure qu'elle fait tout son bonheur, lui déclare éperdument l'étendue de son amour, et s'attendrit au point de ne pouvoir presque achever ses dernières paroles. « Sa femme en fut pénétrée et, fondant en larmes, elle l'embrassa avec une tendresse et une douleur qui le mirent dans un état peu différent du sien. Ils demeurèrent quelque temps sans se rien dire et se séparèrent sans avoir la force de se parler. » C'est un silence différent de celui qu'installe la timidité entre elle et M. de Nemours, mais c'est un silence, dans l'effusion, de même intensité.

Irrésistiblement, sa gratitude croît devant les honnêtes procédés du prince, comme son affliction devant les douleurs qu'elle lui cause.

Au moment de l'aveu, jetée en larmes à ses genoux, « ayez pitié de moi », lui dit-elle, à quoi il répond en la relevant : « Ayez pitié de moi vous-même, madame », en l'embrassant.

Après qu'elle a prétexté une indisposition pour ne pas recevoir M. de Nemours, le prince effondré, irrité, sort de chez elle et, sans la voir, part le lendemain à Reims pour le sacre du nouveau roi. Mais « il lui écrivit une lettre pleine d'affliction, d'honnêteté et de douceur. Elle y fit une réponse si touchante et si remplie d'assurance de sa conduite passée et de celle qu'elle aurait à l'avenir que, comme ses assurances étaient fondées sur la vérité et que c'étaient en effet ses sentiments, cette lettre fit de l'impression sur M. de Clèves et lui donna quelque calme ».

Lorsque, sous le coup de la jalousie, la fièvre le prend, et qu'alarmée elle court à Blois pour l'assister de sa présence, la crainte qui la tourmente ne tient qu'à sa tendresse pour lui : c'est une crainte dépourvue de tout sentiment de faute car elle ignore, à ce moment-là, la cause de son mal.

Un matin, après une mauvaise nuit, comme il veut se reposer, restée seule avec lui dans sa chambre, « il lui parut qu'au lieu de se reposer, il avait beaucoup d'inquiétude. Elle s'approcha et se vint mettre à genoux devant son lit, le visage couvert de larmes ».

Ce qui inquiète M. de Clèves, c'est de savoir ce que valent les soins qu'elle lui rend et son affliction, dont la sincérité lui paraît suspecte. Quand, enfin, elle apprend la cause de son mal, qu'elle s'aperçoit qu'il la croit coupable d'avoir passé à Coulommiers deux nuits avec M. de Nemours, s'étant défendue, elle l'implore : « s'il n'y allait que de mon intérêt, je souffrirais ces reproches ; mais il y va de votre vie. Écoutez-moi, pour l'amour de vous-même : il est impossible qu'avec tant de vérité, je ne vous persuade de mon innocence ».

Elle lui dit : « pour l'amour de vous-même », si loin de ces mots qu'elle assènera à M. de Nemours lors de l'aveu final : « Je ne sais même si je ne vous le dis point plus pour l'amour de moi que pour l'amour de vous. »

Différence entre l'affection tendre sans la moindre parcelle d'hostilité, et la passion coupable où le trouble mêle du ressentiment, et même de la haine, au désir de fusion.

Bien que, pareille aux maîtresses vénérées, elle use sans ménagement du pouvoir conféré par la passion qu'on lui porte, Mme de Clèves échappe à la *libido dominandi*. C'est une toute jeune fille qui rougit, qui verse des torrents de larmes, qui obéit à sa mère puis à son époux, qui admire la force de celle qu'elle croit sa rivale, qui esquive au lieu d'affronter, qui perd contenance, qui baisse les yeux. Elle n'aspire à aucune emprise sur personne et, si elle poursuit un rêve, c'est d'un mariage égalitaire, fondé sur un amour au juste partage.

Libido sentiendi, comme les hommes. Sa sensualité l'atteste : à Coulommiers encore, étendue sur son lit de repos dans le cabinet ouvert sur le jardin, seule, la tête et la gorge simplement couvertes de ses cheveux confusément attachés, nouant à la canne des Indes de M. de Nemours des rubans de la même couleur que ceux qu'il arborait au tournoi, elle se lève après avoir « achevé son ouvrage avec une grâce et une douceur que répandaient sur son visage les sentiments qu'elle avait dans le cœur ». Puis elle va rêveusement contempler, à peine vêtue, le tableau du siège de Metz où figure le duc. Ce tableau reproduit une œuvre commandée par Mme de Valentinois pour son château d'Anet : la présence en filigrane de la favorite, blanchie sous le harnais des extases royales, souligne, si besoin était, l'érotisme de la scène.

Mme de Clèves cherche à aimer et être aimée, pas à dominer, comme si elle avait saisi cette vérité : dans la société qui l'entoure, l'harmonie affective ne se réalise authentiquement qu'en dehors des ambitions publiques et des rivalités privées (mais qui s'avèrent elles aussi publiques, la lettre de Mme de Thémines, ouvertement lue, le prouve). Tel est, concernant le mariage, son vœu : vécu à deux, sans le carcan des structures ni les pressions de la cour. Elle aspire à la libre jouissance d'un bonheur intime, celui qui émerge dans les limbes du siècle suivant, le XVIIIe, réputé l'avoir inventé, à rebours du bonheur social prescrit par Mme de Chartres, normatif, contraignant, déjà daté.

Le vidame incarne ce bonheur. La dernière partie du roman commence ainsi : « Le cardinal de Lorraine s'était rendu maître absolu de l'esprit de la reine mère ; le vidame de Chartres n'avait plus aucune part dans ses bonnes grâces et l'amour qu'il avait pour Mme de Martigues et pour la liberté l'avait même empêché de sentir cette perte autant qu'elle méritait d'être sentie. » Perte qu'il paiera de sa vie à la conjuration d'Amboise.

Négligeant le vain contentement de plaire à une reine tyrannique et dédaignant les motifs d'intérêt qui nourrissent les ambitions mondaines, le vidame, au mépris des faveurs, des honneurs, choisit l'amour vrai et ce qui le conditionne, la liberté. Mme de Martigues, née

Villemontais, est une femme mariée : par définition leur lien se construit, comme un nid, dans l'indépendance à l'égard des pouvoirs. Mais le vidame indique la voie : contrairement à Mme de Clèves, il fait le choix de vivre heureux. Au lieu de renoncer à la félicité d'une passion partagée, il se dégage de l'enfermement qu'exerce l'attrait des fausses valeurs. En perdant les bonnes grâces de la reine, il s'affranchit des servitudes pour gagner les délices d'aimer et d'être aimé – la victoire de l'amour tout simplement.

Épouser M. de Nemours

M. de Nemours, ce « jeune homme ambitieux » qui repousse l'espérance de la couronne d'Angleterre par passion pour Mme de Clèves, préfère lui aussi l'amour authentique aux plaisirs de la vanité et aux séductions du pouvoir. Mariage mis à part, il agit à la façon du vidame. Rien de surprenant : ils sont amis, ils se ressemblent.

Seulement, ne croyant pas à la capacité d'aimer dont il veut la convaincre, Mme de Clèves pose entre eux une distance qui ne s'abolit jamais, à l'inverse exactement de celle qui, la tendresse aidant, ne cesse de se réduire entre elle et le prince, avant de se convertir en étreinte des âmes.

La distance a pour nom « mon devoir ».

Exemple majeur, dans l'épisode sensuel du tableau, à l'abstraction instaurée entre la réalité de l'homme de guerre lors du siège de Metz et la représentation picturale qui l'idéalise, où le duc, glorieux parmi les plus fameux capitaines, est peint sous son meilleur jour, s'ajoute la distance entre cette représentation que la princesse contemple et l'être de chair qui, à l'extérieur, par la fenêtre, la regarde contempler son image. Cette distance où jamais la passion de M. de Nemours n'atteint son objectif équivaut à la fuite constante de la femme aimée. Écart irréductible non parce que M. de Nemours serait indigne de la passion qu'il éprouve, mais parce que Mme de Clèves s'arrête à mi-chemin : elle ne croit pas réalisable l'union égalitaire à laquelle elle aspire.

Union possible, au mieux, avec un mort, dans le souvenir du prince défunt. D'où ce cri du cœur pendant l'entretien final : « Ah, madame, lui dit M. de Nemours, quel fantôme de devoir opposez-vous à mon bonheur ? » Fantôme de devoir, devoir envers un fantôme : cela revient au même.

Le duc, lui, est vivant. Il pleure, il pâlit, il est charmant, il est enjoué, il est mélancolique, il plaisante, il se perd dans les forêts, il exulte, il désespère, il tournoie sur son cheval, il s'exhibe en des costumes superbes, il ose, il se reproche d'oser, il s'interroge, comme Mme de Clèves, en des monologues intérieurs sous le coup d'émotions qui l'emportent.

Il est trop vivant pour elle. En portrait, elle le désire. Dans la réalité, elle se dérobe. Dans l'intervalle, il la hante. Une sorte de fantôme lui aussi, mais tangible, charnel, séduisant, un démon de la tentation, une idée qui la persécute, provoquant cette exclamation d'infortune : « Au nom de Dieu, lui dit-elle, laissez-moi en repos ! », alors que, dit-il, il ne l'y « laisse que trop ; de quoi pouvez-vous vous plaindre ? Je n'ose vous parler, je n'ose même vous regarder ; je ne vous approche qu'en tremblant ».

M. de Nemours n'est pas une représentation, une virtualité, un idéal, c'est un corps. Et ce corps, comme tous les corps, a ceci d'inquiétant qu'il change avec le temps et que les sentiments, eux aussi, changent.

D'après elle, pourtant, qui pense que sa passion, après le mariage, est vouée à s'éteindre, le duc n'a pas changé et ne peut pas changer : infidèle par nature, il le restera. Mais ce n'est qu'un postulat.

M. de Nemours est indéfinissable.

C'est un personnage en devenir. Sans père ni mère ni frère, libre de toute assignation parentale qui le condamnerait à subir le carcan des structures, symbole par excellence des rapports égalitaires avec sa sœur Mme de Mercœur, individu déjà moderne par l'espace interne qu'on voit naître en lui, sous la forme de ses monologues, grâce à l'amour qui l'anime, galant aux comportements policés qui se situe entre le guerrier et le bourgeois, entre le volage qu'il fut et l'époux fidèle qu'il sera (assure-t-il), M. de Nemours est un point d'interrogation, une question ouverte : un bonheur conjugal possible.

Il en connaît parfaitement la valeur, même pour les rois et les reines. À Henri II qui l'engage à épouser Élisabeth d'Angleterre, il répond qu'elle rappellera d'exil milord Courtenay, « un homme qu'elle a aimé, qui est fort aimable, qui a tant souffert pour elle, plutôt qu'un autre qu'elle n'a jamais vu », lui-même, M. de Nemours, qui se fait héraut du mariage d'amour.

Sa passion dépasse l'éphémère. Elle a la force des certitudes que ne rebutent ni les déceptions ni les revers. À Blois, l'extrémité du mal de M. de Clèves lui ouvre « de nouvelles espérances. Il vit que Mme de Clèves serait peut-être en liberté de suivre son inclination et qu'il pourrait trouver dans l'avenir une suite de bonheur et de plaisirs durables. Il ne pouvait soutenir cette pensée, tant elle lui donnait de trouble et de transports ».

Tout l'entretien final retentit de la confiance qu'il la conjure de lui accorder. Son plaidoyer repose sur un argument de fer : en l'épousant, il trouverait dans sa personne « tout ce qui peut faire une adorable maîtresse », et dans sa conduite « tout ce qui peut être à désirer dans une femme ». Se réaliserait alors la synthèse exceptionnelle du plaisir et de la vertu, unique moyen, à la cour, d'établir dans la durée la passion conjugale.

Ce à quoi M. de Nemours peut légitimement prétendre. Car s'il est vrai que les sentiments changent, c'est ce changement même qui prouve l'authenticité de ceux qu'il éprouve pour Mme de Clèves.

Bien qu'on en ignore la cause, tout le monde remarque sa transformation depuis le jour où il l'a rencontrée. Il se détourne de ses maîtresses, il dédaigne l'ambition d'accéder au trône d'Angleterre, on ne le reconnaît plus. La reine dauphine s'en étonne : « Il n'y a jamais eu un si grand changement ; je trouve même qu'il y en a dans son humeur, et qu'il est moins gai que de coutume. » Le vidame aussi s'en étonne, et lui-même s'en réclame auprès de la princesse : ce qui marque, lui dit-il, « un véritable attachement, c'est de devenir entièrement opposé à ce qu'on était. »

Il perd sa hardiesse, quitte ses habitudes. Plusieurs mois après la mort du prince, Mme de Martigues de passage à Paris rend visite à Mme de Clèves solitaire chez elle, et elle lui donne des nouvelles de la cour qui se trouve en province : « Pour M. de Nemours, dit-elle, je ne sais si les affaires ont pris dans son cœur la place de la galanterie ; mais il a bien moins de joie qu'il n'avait accoutumé d'en avoir, il paraît fort retiré du commerce des femmes. Il fait souvent des voyages à Paris et je crois même qu'il y est présentement. »

Le lendemain, Mme de Clèves se rend chez l'homme qui réalise des ouvrages de soie. Ayant deviné que le seigneur qui dessine la façade de son appartement est M. de Nemours, trop troublée de sa découverte pour rester chez elle, elle va prendre l'air dans un jardin hors des faubourgs. Elle traverse un petit bois et, au bout d'une allée, dans l'endroit le plus reculé, elle se dirige vers un cabinet ouvert où, s'approchant, « elle vit un homme couché sur des bancs, qui paraissait enseveli dans une rêverie profonde ». Saisie, elle s'arrête, mais ses gens ayant fait du bruit, le duc, tiré de sa rêverie, se lève et sans un regard, après une révérence fort basse, tourne dans une autre allée pour rejoindre son carrosse sans savoir qui il venait ainsi d'éviter. « Quel effet produisit cette vue d'un moment dans le cœur de Mme de Clèves ! Quelle passion endormie se réveilla dans son cœur, et avec quelle violence ! » Alors elle se rappelle tout ce qu'elle aime en lui, sa « passion pleine de respect et de fidélité », un homme « méprisant tout pour elle », un homme enfin, parmi tant de mérites, « digne d'être aimé par son seul attachement ». Après l'affliction où l'a longtemps plongée la mort de M. de Clèves, toutes ces idées lui sont nouvelles, elle s'est assise accablée dans l'endroit même que le duc vient de quitter, elle comprend qu'entre eux il n'y a plus d'obstacles. Ensuite les scrupules et les remords reviennent, et, après deux heures en ce lieu où elle s'abandonne à « ces réflexions si contraires à son bonheur », elle se convainc qu'elle doit fuir la vue de M. de Nemours « comme une chose entièrement opposée à son devoir ».

Mais la scène du duc dans le cabinet ouvert illustre à merveille le changement qui s'est opéré en lui : du jeune homme ambitieux exalté par l'espérance du trône qui, d'une agilité désinvolte, passait gaiement, lors du bal de la rencontre, « par-dessus quelques sièges pour arriver où l'on dansait », puis, intrépide dans l'ardeur dont il vole, qui franchissait quasi d'un bond les hautes palissades de Coulommiers, la passion, par la magie d'un lien prédestiné, l'a transformé en cet homme rêveur, couché sur des bancs, au bout d'une allée dans un jardin des faubourgs.

Après tout, le personnage de ce roman historique mérite qu'on lui accorde le crédit d'une fidélité semblable à celle dont le vrai duc de Nemours, celui qui servit de modèle à Mme de Lafayette, fit preuve envers Anne d'Este, première femme du duc de Guise qu'il épousa, pour un mariage heureux, après l'avoir longtemps aimée.

Dans *La Princesse de Clèves*, aucun homme ne surpasse M. de Nemours, en quoi la fiction rejoint la réalité, sans néanmoins qu'elles se confondent : M. de Nemours se confond *presque* avec Jacques de Savoie, que Mme de Lafayette, soucieuse de distinguer son récit et l'histoire qui l'imprègne, s'abstient d'invoquer par son patronyme, uniquement par son titre ducal (excepté dans la publication des articles du tournoi de la rue Saint-Antoine, qui, recopiés des documents d'époque, citent « Jacques de Savoie, duc de Nemours », parmi les quatre tenants du tournoi).

Pareil au héros de papier, beau, charmeur, maître de la mode et des conversations, le voici, Jacques de Savoie, d'après Brantôme dans ses

Grands Capitaines français, « bien disant, bien écrivant, autant en rime qu'en prose », magnifiquement vêtu, cavalier d'élite, des plus adroit à piquer, à rompre des lances, à combattre, d'une furieuse bravoure dans le feu des batailles et prompt à relever les défis, le plus habile à la balle, au ballon, sautant, voltigeant, enjoué, rieur, fleur de la chevalerie à tel point que, le loue Brantôme, « qui n'a vu M. de Nemours en ses années gaies, il n'a rien vu ». Un seigneur aimé de tous, des hommes comme des femmes, lesquelles abandonnaient les vêpres pour venir le voir jouer à la paume ou galoper en costumes fantasques dans la basse-cour des châteaux du roi. Elle est d'une justesse aussi fine que conforme à celle de Jacques de Savoie la souplesse de M. de Nemours lors du bal au Louvre, lorsqu'il passe par-dessus quelques sièges, naturellement danseur avant même de danser avec Mme de Clèves à qui le roi crie de le prendre, légèreté de son corps dansant dont la fluidité ploie l'espace à sa volonté comme il le fait des femmes.

C'est la même souplesse qu'il démontre lorsque, sachant Mme de Clèves seule à Coulommiers, il saute par-dessus les palissades. Et, comme dans la fiction, ses couleurs étaient le jaune et le noir au tournoi de la rue Saint-Antoine, couleurs qui signifiaient, d'après Brantôme, jouissance et fermeté ou ferme en la jouissance, « car il était, lors ce disait-on, jouissant d'une des plus belles dames du monde, et, pour ce, devait-il être ferme et fidèle à elle pour bonne raison, car ailleurs n'eût-il su mieux rencontrer et avoir ». Peut-être cette dame était-elle Anne d'Este, où, même, on vit le modèle de Mme de Clèves, conjecture hasardeuse (rien de juvénile chez elle, remariée avec M. de Nemours à trente-sept ans, déjà mère).

Le roman s'inspire de la réalité, qu'il tempère cependant, trop éthéré pour s'alourdir d'éléments bruts. En effet si, semblable au duc de Nemours, Jacques de Savoie aimait les femmes, il les aimait trop lestement parfois, indélicat sous ses dehors soyeux, accusé d'abus et même de violences par Françoise de Rohan, petite-fille du roi de Navarre qu'il avait engrossée au château de Blois avec promesse de mariage, s'attirant un procès réglé vingt ans plus tard par un compromis aux racines politiques, Françoise de Rohan étant huguenote et lui, Jacques de Savoie, fervent catholique, suite à des enquêtes diligentées dès le printemps 1559, en plein dans la période centrale de la fiction, qui n'en souffle mot. Entre-temps, malgré la procédure, il avait donc épousé, union pérenne, la très belle Anne d'Este, veuve du duc de Guise assassiné par un protestant, ce que tait là encore le roman, passant logiquement sous silence les faits sanglants propres à l'existence de Jacques de Savoie pour se concentrer sur la passion de M. de Nemours, son double fictif aux contours sublimés, assez véridique pourtant. Le roman ne mentionne pas non plus la façon dont Jacques de Savoie finit sa vie, la cinquantaine venue, un mort-vivant dans un sarcophage de souffrances, continuellement frappé par des attaques de goutte à ne plus pouvoir bouger sans hurler une seule partie du corps, une jambe, un pied, un bras, une main, pas même un doigt.

Les hommes

On ne saura jamais le sort qu'aurait connu la passion de M. de Nemours si, une fois le mariage avec Mme de Clèves célébré, le temps l'avait mise à l'épreuve. Question ouverte. Mystère. Du moins savons-nous qu'après d'inlassables démarches pour convaincre la princesse de retourner dans le monde, sa passion, « la plus violente, la plus naturelle et la mieux fondée qui ait jamais été », mit des années entières à s'éteindre.

En vis-à-vis, on ne peut apparemment douter que Mme de Clèves éprouve pour lui un amour absolu. L'intensité de ses sentiments qui, malgré ses efforts pour les surmonter, reviennent sans cesse bousculer ses défenses, la rigueur inutile des décisions qu'elle prend, l'altitude même de son refus avec ses suites déchirantes, tout le démontre.

Mais sa passion n'a pas le caractère absolu qu'il est, de prime abord, permis de lui prêter. Aux antipodes des préjugés inculqués par Mme de Chartres, ce sont les hommes qui, dans le roman, font preuve d'un amour absolu, pas les femmes. Elles restent en deçà, contrepartie de leur personnalité à angles droits. Femmes de caractère, femmes de tête. Et sur ce point, tout en étant unique, Mme de Clèves, si fragile pourtant, si émotive, si tendre, ne se singularise pas.

De même qu'elle renonce à M. de Nemours, le chevalier de Guise, qui l'adore, renonce à elle. Mais tandis que le souci de soi prime sa passion pour le duc, le chevalier, s'étant aperçu qu'elle aimait son rival, « en fut si convaincu et pénétré de douleur que, dès ce jour, il prit la résolution de ne penser jamais » à en être aimé. Pour réussir dans cette entreprise difficile, comme il lui faut une action d'aussi grande valeur, il pense à s'emparer de Rhodes, projet que sa mort dans la fleur de la jeunesse l'empêche d'accomplir. Absolu de sa passion : il n'aperçoit rien à la mesure de la femme vénérée, sinon la gloire d'un exploit hors du commun au risque de sa vie.

C'est chez les amants, pas chez leurs maîtresses, qu'on découvre la générosité des réponses attendues de l'attachement véritable.

Outrageusement trompé par Mme de Tournon, Sancerre, qui éprouve en même temps la douleur de sa mort et de son infidélité, confie à M. de Clèves : « J'avoue, à ma honte, que je sens encore plus la perte que son changement ;

je ne puis la trouver assez coupable pour consentir à sa mort. » Et comme cette mort lui paraît « le plus grand de tous les maux », il ajoute, conscient que son vœu outrepasse la raison : « Je souhaiterais de lui rendre la vie aux dépens de la mienne. Quel souhait ! si elle revenait, elle vivrait pour Estouteville. » Il aime sa maîtresse pour ce qu'elle est, sans autre intérêt que le sien, malgré la trahison, la jalousie, la gravité de ses torts : il l'aime plus que soi, absolument.

Le prince, de son côté, même s'il présume de sa force, se montre d'une grandeur d'âme non moins louable. La sincérité le touche assez, affirme-t-il à Mme de Clèves en lui répétant les propos qu'il a tenus à Sancerre, pour que, si « ma maîtresse, et même ma femme, m'avouait que quelqu'un lui plût, j'en serais affligé sans en être aigri. Je quitterais le personnage d'amant ou de mari pour la conseiller et pour la plaindre ». Moins souverain qu'il ne l'imaginait, mais loyal envers son principe, il réagit avec une douleur magnanime quand la princesse le place dans la situation qu'il envisageait du haut de sa bienveillance. Et si l'infidélité qu'il croit réalisée le tue, elle le retient dans les limites de la courtoisie sans qu'il en déborde.

M. de Nemours partage cette générosité proche de l'altruisme. Après avoir, pressé par l'émotion, raconté au vidame, qui l'a ébruitée, la scène de l'aveu livré en secret, prévoyant la portée de son imprudence, il comprend qu'il a procuré à Mme de Clèves un puissant moyen de se défendre contre lui. Mais, tout en déplorant la perte du bonheur dont l'aveu lui ouvrait l'exquise perspective, ce qui l'afflige avant tout, c'est le malheur où l'a plongée la divulgation du secret : « Si j'avais perdu ce bonheur sans qu'elle en eût souffert et sans lui avoir donné une douleur mortelle, ce me serait une consolation ; et je sens plus dans ce moment le mal que je lui ai fait, que celui que je me suis fait auprès d'elle. » M. de Nemours, endossant la responsabilité d'une bévue dont il n'est qu'à demi coupable, fait passer le désarroi de la princesse avant le dommage qu'il s'est attiré.

Quant au vidame, non content de préférer son amour pour Mme de Martigues aux immenses faveurs dont le comblerait la reine s'il se soumettait à ses exigences, il redoute, ayant égaré la lettre de Mme de Thémines, de déshonorer une personne qui l'a « passionnément aimé et l'une des plus estimables femmes du monde », alors qu'elle l'a froidement manipulé pour se venger de lui : noble souci d'un gentilhomme.

Le roi, symboliquement, incarne le don et le pardon, versant solaire de ses insuffisances. Dans l'inusable passion qui le lie depuis près de vingt ans à Mme de Valentinois, il endure patiemment les écarts qu'elle s'autorise. Libéral, il fournit aux dépenses du maréchal de Saint-André « qu'il avait aimé dès le temps qu'il était dauphin » : le temps n'a aucune prise sur ses attachements. Pour ceux qu'il aime, il va « jusqu'à la prodigalité ». Mortellement atteint lors du tournoi, il dit, sans s'étonner de sa blessure, « que c'était peu de choses, et qu'il pardonnait au comte de Montmorency ». Puis il meurt adoré de ses peuples.

Les passions masculines se qualifient diversement : passion soumise chez le roi, infortunée chez le chevalier de Guise, aveugle chez Sancerre, malheureuse chez M. de Clèves, libre chez le vidame, enthousiaste chez M. de Nemours. Mais elles tendent à l'absolu, parce que, pour eux, rien d'autre ne compte.

Les passions féminines ne présentent pas le même profil : sans conteste elles sont sincères, mais l'amour de soi les plafonne. Les dames s'accordent la préférence. Et, même s'il se justifie, le ressentiment les habite. Passion revancharde chez Mme de Thémines, vengeresse chez la reine, cruelle chez Mme de Clèves.

Pour sa part, la reine dauphine n'aime personne avec passion. Mme de Chartres non plus. Ni Mme de Valentinois.

Laquelle, pour autant, n'est pas du genre à pardonner. Qui l'encombre, elle s'en débarrasse : « Ceux qui ont voulu éclairer le roi sur sa conduite ont péri dans cette entreprise », raconte Mme de Chartres à sa fille. Mme de Thémines exclut tout pardon. La reine de même. Et Mme de Chartres n'est pas plus clémente, qui déclare à la princesse que, si le malheur de tomber comme les autres femmes lui « doit arriver, je reçois la mort avec joie, pour n'en être pas le témoin ».

Chez les dames, la raison logique l'emporte sur les émotions. C'est qu'avec elles on se trouve, à des titres divers, dans le champ du pouvoir.

Mme de Clèves, extérieure à ce champ, ne pardonne pas davantage : aucun pardon, ni à M. de Nemours, ni à elle-même. C'est un couperet aux cheveux blonds, plein de grâce et de charme. Toutefois elle se distingue des femmes d'autorité, mues par l'orgueil ou l'ambition, sur un point essentiel : elle subit elle-même le pouvoir d'une loi impitoyable, soigneusement gravée dans son enfance, et qu'elle applique à son tour.

Elle se dénie toute liberté.

À Coulommiers, quand le duc lui rend visite en compagnie de Mme de Mercœur, elle songe à empêcher celle-ci d'aller dans le cabinet où se trouve le tableau du siège de Metz, « parce que le portrait de M. de Nemours y était et qu'elle ne voulait pas qu'elle l'y vît ». Elle est lucide sur la licence qu'elle s'est accordée. Une liberté de trop, comme les marques d'amour qui échappent à son contrôle et l'affligent.

Lors de leur tête-à-tête final, avouant ses sentiments à M. de Nemours en « faible récompense » de son attachement, ce sera, déclare-t-elle, « la seule fois de ma vie que je me donnerai la liberté de vous les faire paraître ». Suspension, pour un instant, de la loi morale qui l'aliène, et dont la cruauté, par ricochet, châtie le duc.

Loi ténébreuse.

Elle s'écrie : « Pourquoi la destinée nous sépare-t-elle par un obstacle si invincible ? » À quoi il répond qu'il n'y a pas d'obstacle : « Vous seule vous opposez à mon bonheur ; vous seule vous imposez une loi que la vertu et la raison ne vous sauraient imposer. » Ce qu'elle appelle « la destinée », ce n'est pas la fatalité des prédictions chues d'un ciel désert, mais l'incompréhension de ce qui la domine. Car M. de Nemours exprime une vérité, qu'elle confirme : le public n'aurait pas sujet de les blâmer s'ils s'engageaient ensemble. Elle acquiesce donc : « Il est vrai, répliqua-t-elle, que je sacrifie beaucoup à un devoir qui ne subsiste que dans mon imagination. Attendez ce que le temps pourra faire. M. de Clèves ne fait encore que d'expirer, et cet objet funeste est trop proche pour me laisser des vues claires et distinctes. » Elle remet au temps, comme à un arbitre, la capacité de décision dont elle est dépourvue. Les « vues claires et distinctes » nécessaires à la clarté d'un choix raisonné lui manquent.

En dépit des apparences, Mme de Clèves ignore totalement pourquoi elle refuse l'offre de mariage. Le mystère ne porte plus seulement sur l'avenir qu'aurait connu la passion de M. de Nemours s'il l'avait épousée, mais sur les raisons qui motivent le refus qu'elle lui oppose. Aucune ne se démontre à coup sûr. Question ouverte, là aussi. *La Princesse de Clèves* ressemble à un roman policier dont l'auteur se serait volontairement gardé de fournir la clé. L'énigme reste en l'état, postée dans l'attente des explications plausibles.

Adieu, lui dit-elle

Au fil des tourments qui la contraignent à refuser ce qu'elle désire plus que tout au monde, la princesse n'agit apparemment que par devoir et vertu.

Il n'en est rien. Elle cède aussi à des ressorts multiples où la morale n'intervient pas.

Tantôt c'est l'humiliation qu'elle ressent à l'idée, insinuée par Mme de Chartres, de servir de confidente à la reine dauphine et à M. de Nemours dans la passion qui, prétendument, les unirait.

Tantôt c'est la crainte de déplaire à M. de Clèves, de favoriser ses soupçons, de perdre son estime, sa tendresse, son soutien.

Tantôt c'est la tension dont l'opprime le secret de son amour et le besoin de la relâcher, cause de son aveu où elle s'est « engagée sans en avoir presque eu le dessein », et tel que, en regardant

« ce qu'elle venait de faire, elle en fut si épouvantée qu'à peine put-elle s'imaginer que ce fût une vérité ».

Tantôt c'est la colère, comme dans le cas de la bévue commise par le duc, dès lors qu'elle souffre de ne pouvoir le justifier.

Tantôt c'est la détresse, pour le même motif.

Tantôt, plus grave, c'est la présence obsédante de son image en elle, qui la poursuit et qu'elle tente désespérément d'expulser de son esprit, jusqu'à haïr l'homme trop aimé, malgré le silence que, par prudence et respect, il s'astreint à observer.

Tantôt, plus grave encore, c'est qu'il ait causé par sa « conduite inconsidérée », en franchissant les palissades, la mort du prince comme s'il l'avait tué de ses propres mains, alors même, dit-elle, « que ce n'est pas la même chose à l'égard du monde ; mais au mien il n'y a aucune différence, puisque je sais que c'est par vous qu'il est mort et que c'est à cause de moi » : accusation abusive qu'elle utilise comme bouclier. En disculpant son époux des soupçons qu'il a eu la faiblesse d'adopter sans recul, elle en reporte intégralement la faute et sur elle-même et sur M. de Nemours, transformant la fougue amoureuse en acte impardonnable.

Tantôt, enfin, ressort majeur, c'est le souvenir de la jalousie et de son horreur indûment ressenties après avoir lu la lettre de Mme de Thémines.

Pas de devoir ni de vertu dans ces obstacles.

La loi de nature morale qu'elle subit n'en exerce pas moins une emprise implacable.

Loi directement issue de l'orgueil maternel, arbitraire, despotique, loi mutilante d'un rigorisme que Mme de Chartres modère par sa conception de l'amour sincère, mais qui, solidifié par un discours énoncé en bloc et répété à l'heure ultime, produit le désespoir de son héritière puis, après le renoncement, la maladie où elle frôle la mort. « Mme de Chartres, qui était extrêmement glorieuse, ne trouvait presque rien digne de sa fille » : le devoir de Mme de Clèves, ce qu'elle se doit, la dette envers elle-même comme envers son mari, s'élève à l'extrême pointe de l'honneur.

Le prince qui, en courtisan averti, connaît l'âme humaine, le sait parfaitement : « De l'humeur dont vous êtes, en vous laissant votre liberté, je vous donne des bornes plus étroites que je ne pourrais vous en prescrire. » Habile geôlier, de son honneur il forge une cage.

Récusant la tolérance de la cour en matière amoureuse, où, condition du plaisir, du bonheur, de la vie même, se pratique l'art du compromis, c'est-à-dire du mélange, autrement dit de l'impur, Mme de Clèves vise à la pureté idéale : à une passion vierge de tout défaut, de tout écart, de toute excuse, de tout pardon, pour elle comme pour l'amant ou l'époux.

À l'innocence sans rien qui la souille.

Quand elle juge M. de Nemours innocent des fautes qu'elle lui impute, les affres de sa passion s'évanouissent. Le rejeter nécessite qu'elle le juge coupable.

Inversement, sa propre innocence lui paraît vitale.

Expliquant au prince tout près de mourir comment, à Coulommiers, le duc s'est introduit dans le jardin et la manière dont elle s'est esquivée, elle lui parle avec « tant d'assurance, et la vérité se persuade si aisément lors même qu'elle n'est pas vraisemblable, qu'il fut presque convaincu de son innocence ». Désormais, elle n'aura de cesse qu'elle n'ait comblé l'intervalle creusé par ce *presque* entre le relatif de la conscience coupable et l'absolu de la conscience pure, organe de la transparence.

C'est là que réside son sens de l'absolu.

Pour le satisfaire, elle s'oblige à ployer son être, aspirations du cœur et désirs du corps, à l'impitoyable loi où sa volonté s'enracine. Ce sacrifice sert à payer sa dette envers le prince tout en sauvegardant l'estime qu'il lui conserve, moyen de préserver le droit d'honorer sa mémoire afin de se protéger des malheurs dont, pense-t-elle, sa passion la menace.

Et, par-delà ce qu'elle redoute, de protéger la dignité de son nom.

De la garder pure de toute tache.

Se trouvant pour la première fois en tête-à-tête dans l'appartement du vidame, elle et M. de Nemours se taisent, puis le duc rompt le silence :

« Pardonnerez-vous à M. de Chartres, madame, lui dit-il, de m'avoir donné l'occasion de vous voir et de vous entretenir, que vous m'avez toujours si cruellement ôtée ?

– Je ne lui dois rien pardonner, répondit-elle, d'avoir oublié l'état où je suis et à quoi il expose ma réputation. »

En prononçant ces paroles, elle voulut s'en aller ; et M. de Nemours, la retenant :

« Ne craignez rien, madame, répliqua-t-il, personne ne sait que je suis ici et aucun hasard n'est à craindre. »

Comme elle accepte de rester, il ajoute : « Écoutez-moi, madame, écoutez-moi : si ce n'est par bonté, que ce soit du moins pour l'amour de vous-même. »

Cédant alors au penchant qu'elle a pour lui, elle le regarde « avec des yeux pleins de douceur et de charmes :

– Mais qu'espérez-vous, lui dit-elle, de la complaisance que vous me demandez ? »

Au regard de la réputation, la pureté s'appelle l'honneur. Honneur qui, pour rester intact quoi qu'il en coûte, admet, en ce qui concerne les femmes, les mesures les plus sévères : le couvent ou, pire, la mort. En renonçant à M. de Nemours, en quittant le monde pour garantir la pureté de ce qu'elle se doit avec, au final, l'évanescence et une vie brève, Mme de Clèves exerce sur sa personne une sorte de meurtre : non pas un crime, mais un suicide d'honneur. C'est l'effet du caractère inflexible de la loi dont elle hérite, et qui, sous son aspect fièrement personnel, s'avère moins morale que sociale.

Dans *Les Passions de l'âme*, Descartes lie la gloire et la honte. La gloire, écrit-il, « est une espèce de joie, fondée sur l'amour qu'on a pour soi-même, et qui vient de l'opinion ou de l'espérance qu'on a d'être loué par quelques autres », tandis que la honte « au contraire, est une espèce de tristesse, fondée aussi sur l'amour de soi-même, et qui vient de l'opinion ou de la crainte qu'on a d'être blâmé ». Si l'orgueil de Mme de Chartres nourrit la gloire pour laquelle elle place la réputation au-dessus de tout, Mme de Clèves, en revanche, n'obéit pas aux exigences de la gloire, mais à la douleur de la honte. Aucune joie dans l'affirmation de soi-même qui la protège de l'amour qui l'entraîne, mais le « triste repos qu'elle commençait à goûter » avant de comprendre, chez l'homme dont elle souhaite faire copier les ouvrages de soie, que le seigneur qui dessine les murailles où elle s'est enfermée est M. de Nemours. Et c'est ainsi que, au fond de l'appartement du vidame où, passant sur sa pudeur, sur ses scrupules, elle avoue au duc qu'elle l'aime et que ses sentiments pour lui seront éternels quoi qu'elle fasse, les derniers mots qu'il entendra de sa bouche, nécessairement définitifs parce que la honte, pour la soutenir quand elle blesse trop, on va la cacher à l'abri de tous les témoins, sont les suivants : « Adieu, lui dit-elle ; voici une conversation qui me fait honte : rendez-en compte à M. le vidame ; j'y consens, et je vous en prie. »

Après quoi elle sort, et plus jamais il ne la reverra.

Mais sous la loi morale, champ clos du combat primordial entre la mère et l'amant, jouent d'autres ressorts.

Sous les facettes du bien et du mal agit une contrainte plus forte encore, moins définissable et d'autant plus active. « Les raisons qu'elle avait de ne point épouser M. de Nemours lui paraissaient fortes du côté de son devoir et insurmontables du côté de son repos » : elle songe à l'horrible malheur de la jalousie. Motif convaincant, mais, pourtant, trop rationnel pour expliquer l'incompréhension dans laquelle elle se perd, les arguments qu'elle ressasse et le recours au temps qu'elle érige en arbitre, de sorte qu'il « y avait des moments où elle avait de la peine à comprendre qu'elle pût être malheureuse en l'épousant ».

Ses analyses échouent à pénétrer les raisons profondes de son refus, tout comme sa volonté échoue à vaincre sa passion. Il faudra que son corps la lui arrache, allié à l'éloignement et aux murs dont, comme d'une ceinture de chasteté, elle s'entoure. C'est la fonction dévolue à la violente maladie où elle tombe sitôt arrivée dans les grandes terres qu'elle possède près des Pyrénées, et qui, tournant à une maladie de langueur après l'avoir menée aux dernières extrémités, l'accoutume « à se détacher de toutes choses ».

Roman du non-savoir, parce que sous la claire conscience, sous le langage lui-même, opèrent, indicibles, dans ce que le corps a de plus immédiat, des traces, des *impressions* : travail décisif de ce qui, concrètement, s'imprime.

Voici la « grande impression » que, par sa conversation, l'air de sa personne et l'agrément de son esprit, M. de Nemours fait « dans son cœur », les jours qui suivent leur rencontre.

Puis l'empreinte laissée par la mort de sa mère, telle que sa douleur, dit-elle au duc, quand le temps en aurait diminué la violence, « il lui en demeurerait une si forte impression que son humeur en serait changée ».

Plus tard, M. de Clèves ayant appris le nom de son rival, toutes les fois qu'elle parle avec lui abattu par cette découverte qui, elle aussi, l'accable, la passion qu'il lui témoigne, l'honnêteté de ses procédés, l'amitié qu'elle a pour lui « faisaient des impressions dans son cœur qui affaiblissaient l'idée de M. de Nemours ».

Comme ce sont « des impressions », qui, par leur pluralité, ne possèdent pas la capacité d'inscription massive d'une impression spécifique, elles se dissipent, si bien que « cette idée revenait bientôt plus vive et plus présente qu'auparavant », collée, pour ainsi dire, à la première impression dont le duc l'a marquée.

À la demande pressante de celui-ci, le vidame lui rend visite pour tenter de la convaincre de quitter sa retraite : « Elle lui fit si bien voir à quel point elle était touchée de l'opinion que M. de Nemours avait causé la mort de son mari, et combien elle était persuadée qu'elle ferait une action contre son devoir en l'épousant, que le vidame craignit qu'il ne fût malaisé de lui ôter cette impression. » Rendant compte de sa démarche au duc, il lui cache son sentiment, mais lui laisse « toute l'espérance que la raison doit donner à un homme qui est aimé » : impression d'un côté, raison de l'autre.

Enfin, après sa maladie, les pensées de la mort lui ayant rapproché la mémoire de M. de Clèves, la princesse devient hors d'atteinte : ce « souvenir, qui s'accordait à son devoir, s'imprima fortement dans son cœur ». Elle surmonte alors, en un dernier sursaut, « les restes de sa passion ».

Il existe, dans les profondeurs de son être, endessous des règles morales et de tous les raisonnements qu'elle tient, cette lutte entre les empreintes laissées par des événements ineffaçables, lutte représentée par les deux camps en présence, M. de Nemours d'un côté, de l'autre Mme de Chartres et son protégé le prince de Clèves. Si dure se révèle cette lutte qu'aggravent « les peines cruelles » de la jalousie avec, inexorablement serré, le lacet de la loi fixé par sa mère, que Mme de Clèves, à bout de forces, réduite à ses craintes et ses plaintes, n'aspire plus qu'au repos.

Ce qu'elle appelle « le soin de mon repos » ne désigne pas « la tranquillité » selon Mme de Chartres, celle des honnêtes femmes qui aiment leur mari et en sont aimées, conception lisse de la vie conjugale où domine l'entretien de la grandeur dans le rigoureux respect de la réputation.

L'appel du repos traduit l'incoercible besoin d'une solitude qui la soulagera de ses maux.

C'est pourquoi elle ne cesse de s'éloigner de la cour, transportant avec elle la bulle d'innocence où elle paraît respirer l'air qu'elle recherche à la campagne pour sa santé, dit-elle, de même que, tout à la fin, elle se retire dans une maison religieuse « sous le prétexte de changer d'air ». Sans que jamais cela soit spécifié, celui de la cour semble vicié, comme l'est sa passion.

Son retrait n'a rien de mystique. Elle ne se retire pas pour trouver Dieu, mais pour se fuir elle-même et retrouver l'harmonie perdue depuis la rencontre de M. de Nemours, incarnation vivante, trop vivante, de la réalité.

Son retrait c'est la conclusion, pâle et lasse, de sa tendance à se dégager de l'histoire. L'aboutissement de son indifférence croissante aux violences du monde. Ainsi, sans se soucier de l'agitation suscitée à la cour par la blessure du roi, demeure-t-elle « chez elle, peu occupée du grand changement qui se préparait ».

Plus tard, des mois après la disparition du prince, Mme de Martigues la visite à Paris : « Elle l'entretint de la cour et de tout ce qui s'y passait ; et, quoique Mme de Clèves ne parût pas y prendre intérêt, Mme de Martigues ne laissait pas de lui en parler pour la divertir. » Elle ne s'éveille qu'au nom de M. de Nemours, qui, la surprenant, la fait rougir.

Cette distance à l'égard de la cour, qui tranche si nettement sur l'agitation relevée au tout début du récit, où « personne n'était tranquille, ni indifférent », culmine avec les « vues plus grandes et plus éloignées » que lui apporte, pendant sa maladie, la proximité de la mort. Mme de Clèves se dissout peu à peu dans la fidélité au souvenir du mari disparu, accomplissement sans corps ni présence de noces recommencées avec la voix d'outre-tombe qui prononçait ces paroles sur le lit de mort : « Je vous prie que je puisse encore avoir la consolation de croire que ma mémoire vous sera chère. »

Comme le présent la tourmente et qu'elle redoute l'avenir, elle tente sans fin de retourner à la paix d'autrefois, celle dont elle jouissait avant d'arriver à la cour, faisant du roman, dont elle constitue l'axe, une toupie aux couleurs sans cesse plus sombres qui tourne toujours plus vite autour du passé. En s'éloignant d'elle-même, elle revient vers les temps de l'enfance d'où elle est partie, bien que ce ne soit plus le même univers, car elle a, entre-temps, traversé des malheurs dont son corps, autant que son esprit, portent les traces.

S'éloigner, pour elle, ne signifie pas seulement qu'elle fuit sa passion, mais le monde lui-même. Refus du monde au sens propre. Elle retourne à ce qu'elle a quitté au moment de naître à la vie réelle, la bulle, la coquille, l'enveloppe, au choix, dont personne ne s'extrait sans peine. La force des impressions incite à cette lecture : la toute jeune fille au sortir de l'enfance que *La*

Princesse de Clèves met en scène témoigne de ce moment crucial que chacun a connu, l'adolescence, sans jamais l'oublier, quand bien même l'on n'y pense plus. C'est pourquoi nous comprenons ses surprises, ses doutes, ses rêves et ses craintes. C'est pourquoi elle nous émeut.

Lorsque, dans le jardin des faubourgs, elle rencontre M. de Nemours étendu sur des bancs et que, se questionnant avec désespoir, elle se persuade qu'elle doit « fuir sa vue comme une chose entièrement opposée à son devoir », nous partageons avec elle l'évidence que « cette persuasion, qui était un effet de sa raison et de sa vertu, n'entraînait pas son cœur ». Et en lisant que son cœur « demeurait attaché à M. de Nemours avec une violence qui la mettait dans un état de compassion », nous éprouvons nous-mêmes cette compassion. Elle nous touche parce que, nous aussi, avec la difficulté d'affronter l'âge où cessant d'être enfants nous n'étions pas adultes, nous la méritions.

Nous sentons que Mme de Clèves retourne à un état où la loi despotique, qui est la loi de la réalité, baignant dans l'être, n'existait pas, avant d'être reçue, lors de la venue au monde, pour ce qu'elle est : une épreuve. Et le monde lui-même, alors, devient une épreuve, et quelquefois un supplice.

M. de Nemours, le vidame, la reine dauphine, surpris par son éloignement dont la constance les remplit au plus haut point d'admiration, interviennent pour la faire revenir à la cour.

Vaines tentatives. Elle résiste obstinément. Ce n'est pas qu'elle ne veuille pas vivre à la cour, c'est qu'elle ne peut pas. Vivre, en soi, lui paraît invivable.

Avec l'arrachement de l'amour vrai, la fidélité conjugale à titre posthume ressemble à la fusion maternelle : quand M. de Nemours, ultime tentative, va frapper à la porte de la maison religieuse, elle lui fait répondre qu'ayant « trouvé que son devoir et son repos s'opposaient au penchant qu'elle avait d'être à lui, les autres choses du monde lui avaient paru si indifférentes qu'elle y avait renoncé pour jamais ; qu'elle ne pensait plus qu'à celles de l'autre vie ». La vie d'après s'apparente à la vie d'avant, paradis retrouvé. Plus d'agitation, de fautes, de troubles, de désirs.

Bien sûr ce n'est pas la vie, mais le repos des gisants. C'est le temps immobile où, la santé alanguie jusqu'à devenir diaphane, les lumières faiblissent peu à peu. Les jours et les nuits s'épuisent dans une humeur égale qu'aucun événement ne réjouit ou n'attriste. Plus d'émotions, d'attentes, d'avenir, plus d'inquiétudes ni d'espoirs. Les heures s'évaporent dans des lieux qui se répètent. Austérité des couvents où elle se livre aux occupations les plus saintes : « Et sa vie, qui fut assez courte, laissa des exemples de vertu inimitables. » Sainteté du renoncement, paix du vide. Tout paraît s'achever dans le secret des ombres.

Mais tout ne s'achève pas. À travers les exemples de vertu, quelque chose d'inaltérable demeure, un trésor supérieur à la passion heureuse qu'elle n'aura pas connue : c'est, immaculée, la réputation où se réalise le souhait de sa mère. Mme de Chartres et Mme de Clèves réunies dans l'éclat de leur nom à jamais parfait.

Table des matières

Dans la même collection

Patrick Boman
Cœur d'acier

Cesare Brandi
Pleine lune et sur les nattes l'ombre d'un pin

Elena Janvier
Au Japon ceux qui s'aiment ne disent pas je t'aime

Curzio Malaparte
Voyage en Éthiopie

Alberto Moravia
Lettres du Sahara

Roberto Peregalli
Les Lieux et la poussière

Silvia Ronchey
Portraits exquis

Paolo Rossi
Manger

Pierre Sauvanet
L'Insu

Robert Scholtus
Promesse d'une ville

Nathalie Skowronek
Karen et moi

Bruno Smolarz
Hokusaï aux doigts d'encre

ACHEVÉ D'IMPRIMER
EN JUILLET 2012
SUR LES PRESSES DE
CORLET IMPRIMEUR
À CONDÉ-SUR-NOIREAU
C A L V A D O S

Numéro d'édition : 0991
Numéro d'impression : 148395
Dépôt légal : septembre 2012
Imprimé en France